Deutsch im Alpha-Kurs

Anja Böttinger

Schritte plus Alpha 3

Kursbuch
mit Audios online

Hueber Verlag

Beratung:
PD Dr. habil. Marion Grein, Johannes Gutenberg-Universität Mainz,
Modulverantwortliche für Deutsch als Zweitsprache/Alphabetisierung

Für ihre hilfreichen Hinweise danken wir:
Gisela Böllert, Volkshochschule Duisburg, Fachbereichsleitung Alphabetisierung/DaZ
Marisa Fritzenwallner, Goethe-Institut Thailand, Alpha-Kursleiterin
Klara Menzel-Schmeer, Volkshochschule Moers, Alpha-Kursleiterin
Renate Schiefer, Münchner Volkshochschule, Alpha-Kursleiterin und -fortbildnerin
Dr. Ulrich Steuten, Volkshochschule Moers, Fachbereichsleitung Alphabetisierung;
Vorstandsmitglied des Bundesverbands Alphabetisierung und Grundbildung e.V.

Lehrerhandbuch (kostenfrei verfügbar unter www.hueber.de/schritte-plus-alpha)
Anja Böttinger

Piktogramme:

Lesen Sie.	Schreiben Sie.	Arbeit mit der Alpha-Box
Hören Sie.	Suchen Sie.	Arbeit mit der Alpha-Mappe
Sprechen Sie.	Partnerarbeit	

3. 2. 1. | Die letzten Ziffern
2027 26 25 24 23 | bezeichnen Zahl und Jahr des Druckes.
Alle Drucke dieser Auflage können, da unverändert,
nebeneinander benutzt werden.
1. Auflage

Umschlaggestaltung: Sieveking · Agentur für Kommunikation, München
Layout und Satz: Sieveking · Agentur für Kommunikation, München
Redaktion: Andrea Haubfleisch, Frankfurt am Main
Druck und Bindung: Passavia Druckservice GmbH & Co. KG, Passau
Printed in Germany
ISBN 978-3-19-311452-5

Art. 530_29941_001_01

Inhalt

Vorwort

Liebe Leserinnen, liebe Leser,

Schritte plus Alpha ist ein Lehrwerk, das Alphabetisierung und Vermittlung von Deutschkenntnissen miteinander vereint.
Es ist für Lernende in Alphabetisierungskursen im In- und Ausland konzipiert und richtet sich sowohl an primäre und funktionale Analphabeten als auch an Zweitschriftlernende.
Schritte plus Alpha entspricht dem *Konzept für einen bundesweiten Alphabetisierungskurs* des Bundesamts für Migration und Flüchtlinge.
Neben der Förderung der schriftsprachlichen und kommunikativen Kompetenz ist ein weiteres Ziel, Lernfortschritte sichtbar zu machen, das Selbstbewusstsein der Lernenden zu stärken und so Voraussetzungen für nachhaltiges und zunehmend selbstständiges Lernen zu schaffen. *Schritte plus Alpha* bereitet außerdem in kleinen Schritten auf das Arbeiten mit Deutsch-als-Zweitsprache-Lehrwerken, insbesondere mit *Schritte plus*, vor.

Zum Kursbuch gibt es den Lehrwerkservice unter www.hueber.de/schritte-plus-alpha
Darin finden Sie zum kostenlosen Download:
- das Lehrerhandbuch
- ergänzende Materialien (Kopiervorlagen, Tests, Lösungen, Transkriptionen)
- Audios (www.hueber.de/schritte-plus-alpha/mediathek)

Aufbau
Jede der acht Lektionen des Bandes besteht aus einer kommunikativen Einstiegsseite, mehreren Lese-, Schreib- und Sprachseiten sowie einer Wiederholungsseite.

Einstiegsseite: Die Einstiegsillustration bietet einen thematischen Sprechanlass. Das Vorwissen der Lernenden wird aktiviert und der Lektionswortschatz semantisiert. Der Info-Kasten auf der Einstiegsseite zeigt neben dem Wortschatz mit den Redemitteln auch den kommunikativen Inhalt der Lektion.

Lesen und Schreiben: Die Bände 1 und 2 führten das gesamte Alphabet, die Umlaute und wichtige Buchstabengruppen ein. In Band 3 findet sich in jeder Lektion eines der im Alpha-Kurs besonders relevanten Themen, z. B. die Unterscheidung ähnlicher Buchstaben(-gruppen), Wort- und Satzgrenzen, Groß- und Kleinschreibung, orthographische Hinweise auf lange und kurze Vokale, häufige Wortendungen, Komposita u. a. Übungen zur Schulung der phonologischen Bewusstheit ist ein hoher Stellenwert eingeräumt.
Neuer Wortschatz wird nach der Einführung konsequent in Sätzen und kurzen Texten verwendet. Das Lesen von Texten wird immer selbstverständlicher. Nebenbei lernen die Teilnehmerinnen und Teilnehmer verschiedene Aufgabentypen zur Sicherung des Leseverständnisses kennen und bearbeiten kleine Schreibaufgaben. Grammatikalische Phänomene werden zunehmend explizit gezeigt und mithilfe von Alpha-Box-Materialien im doppelten Wortsinn „begreifbar" gemacht.

Sprachseiten: Die Redemittel der Lektion sind oft schon in vorhergehenden Lesetexten angerissen. Auf den Sprachseiten werden sie eigens präsentiert, für die kommunikative Verwendung aufbereitet und durch kommunikative Übungen gesichert und automatisiert.

Wiederholungsseite: Hier werden Strukturen und Wortschatz der aktuellen Lektion oder vorhergehender Lektionen durch kreative Wortschatzaufgaben, Rätsel, Lernspiele oder Projekte gefestigt.

Viel Erfolg und viel Spaß mit *Schritte plus Alpha*
wünschen Ihnen
Autorin und Verlag

1 Was sehen Sie? Sprechen Sie.

2 Das ABC-Lied. Hören Sie und singen Sie mit. 2

A B C D E F G

H I J K L M N O P

Q R S T U V W

X Y Z

Wortschatz:
Guten Morgen, Guten Tag, Guten Abend, Gute Nacht, Auf Wiedersehen, Hallo, Tschüs

Das können Sie sagen:
- Was ist das? ▪ Das ist ein/eine …
- Ist das ein/eine …? ▪ Ja, das ist ein/eine …
  ▪ Nein, das ist ein/eine …

– Entschuldigung, wie bitte? / Wie buchstabiert man das? / Sprechen Sie bitte langsamer.

3a | Was fehlt? Ergänzen Sie und lesen Sie dann.

A	B	C	___	E	F	___	H	___	J	___	___	M	___	O
a	b	___	___	e	___	g	___	i	j	___	l	___	n	o

P	___	R	___	T	U	___	W	___	Y	Z
___	q	___	s	t	___	v	___	x	___	z

3b | Was fehlt? Ergänzen Sie und lesen Sie dann.

A a	X ___	D ___	Z ___	G ___	K ___	P ___	N ___
S ___	E ___	O ___	I ___	F ___	W ___	Q ___	U ___
Y ___	B ___	M ___	V ___	C ___	L ___	H ___	R ___

4 | Hören Sie und schreiben Sie. 3

A F ______________________________

____

Schon fertig?
Mit welchem Buchstaben beginnt das Wort?

J ___ ___ ___ ___ ___ ___ ___ ___ ___

5 Häufige Nachnamen. Lesen Sie.

Müller	Weber	Becker
Schneider	Meyer	Schulz
Fischer	Wagner	Hoffmann

6a Hören Sie und lesen Sie mit. 4

- Mein Name ist Ginter.
- Entschuldigung, wie heißen Sie?
- Ginter. Ich buchstabiere: G I N T E R.

6b Spielen Sie das Gespräch. Schreiben Sie den Namen Ihrer Partnerin / Ihres Partners auf.

Mein Name ist …

Entschuldigung, wie heißen Sie?

Ich buchstabiere: …

7 Was sind häufige Nachnamen bei Ihnen? Sprechen Sie.

Nguyen.

Nowak.

Yilmaz.

8 | ei oder ie? Hören Sie und ergänzen Sie. ◀)) 5

- • M___n Name ist Schn___der.
- ◆ Entschuldigung, w___ h___ßen S___?
- • Schn___der. Ich buchstab___re:
  S C H N __ __ D E R.

9 | Müller, Maller oder ...? Hören Sie und ergänzen Sie. ◀)) 6

1. M___ller / M___ller
2. M___ller / M___ller
3. M___ller / M___ller

10 | Welche Namen hören Sie? Kreuzen Sie an. ◀)) 7

1. ☒ Schulze ☐ Schulz — ☐ Hoffmann ☐ Hauffmann
2. ☐ Wagner ☐ Wegner — ☐ Becker ☐ Wecker
3. ☐ Wede ☐ Weber — ☐ Fisch ☐ Fischer

11 | Schreiben Sie das ABC noch einmal.

____

____

____

Kennen die TN Alphabete aus anderen Schriftsystemen? Vergleichen Sie an der Tafel.

Schon fertig?
Buchstabieren Sie Namen aus Aufgabe 5, den Namen Ihrer Kursleiterin / Ihres Kursleiters, einen häufigen Namen aus Ihrem Land ... Ihre Partnerin / Ihr Partner schreibt.

12 Die Reihenfolge im Alphabet. Ordnen Sie die Namen zu.

Nanda • Thao • ~~Bassam~~ • Valdrin • Ju • Hung • Xaver • Filip • Dunja • Ljudmila • Purnima • Rami • Zoe

Abdul	Oliwia
Bassam	
Cosmin	Quentin
Emil	Salima
Gharib	Ugren
Iman	Wanda
Kayra	Yamina
Mehmet	

13 Projekt: Suchen Sie im Telefonbuch oder in einem Vornamen-Buch nach Namen.

Ein Name mit F?

Finn.

14a | Wie viele Buchstaben hat das Wort? Hören Sie und notieren Sie. 8–11

1 2 ___ ___

2 ___ ___

3 ___ ___ ___

4 ___ ___ ___

14b | Schreiben Sie das Wort zum Bild und hören Sie noch einmal. 8–11

Ei

14c | Klatschen Sie die Silben und ordnen Sie zu.

Ei	Sa lat	To ma te

Schon fertig?
Nehmen Sie Bildkarten aus der Alpha-Box.
Sprechen Sie das Wort, klatschen Sie die Silben und schreiben Sie.

15a Hören Sie und sprechen Sie nach. 12–14

15b Was hören Sie? Kreuzen Sie an. 15

1
- ☐ Fisch
- ☐ Tisch

- ☐ Hose
- ☐ Dose

- ☐ Rock
- ☐ Stock

2
- ☐ Buch
- ☐ Tuch

- ☐ Mappe
- ☐ Pappe

- ☐ Wand
- ☐ Hand

3
- ☐ Wind
- ☐ Kind

- ☐ Hund
- ☐ Mund

- ☐ Sonne
- ☐ Tonne

16 Was ist das? Lesen Sie.

Das ist **ein** Tisch.
Das ist **ein** Buch.
Das ist **eine** Dose.

der → **ein** Tisch
das → **ein** Buch
die → **eine** Dose

17 Lesen Sie und schreiben Sie.

 Ist das ein Buch? – Ja, das ist ein Buch.

 Ist das eine U-Bahn? – Nein, das ist ein Bus.

 Ist das eine Dose? – ____________________

 Ist das eine Lampe? – ____________________

 Ist das ein Rock? – ____________________

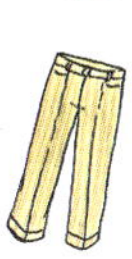 Ist das ein Hemd? – ____________________

18 | Alpha-Box:
Ziehen Sie Bildkarten. Fragen Sie und antworten Sie.

Ist das ein Bett?

Nein, das ist ein Sofa.

19 | Was sagen die Personen? Lesen Sie und ordnen Sie zu.

Guten Morgen. • Tschüs. • Guten Abend. • Hallo. • Gute Nacht. • Auf Wiedersehen. • Guten Tag.

20 Projekt:
Wie begrüßen Sie sich in Ihrem Heimatland? Sprechen Sie und machen Sie ein Plakat.

21a Worum bitten die Personen? Hören Sie und ordnen Sie zu. 16–18

1 — Sprechen Sie bitte langsamer.
2 — Entschuldigung, wie bitte?
3 — Wie buchstabiert man das?

21b Was passt? Hören Sie und schreiben Sie Ihre Bitte. 19–21

Sprechen Sie bitte langsamer. • Entschuldigung, wie bitte? • Wie buchstabiert man das?

1 ……………………………
2 ……………………………
3 ……………………………

21c Klassenspaziergang: Sprechen Sie mit fünf Personen. Fragen Sie nach, wenn Sie etwas nicht verstehen.

Guten Tag. Ich heiße María Fernández.

María Fer…
Entschuldigung, wie bitte?

17 Wiederholung

22 | Sprechen Sie das Alphabet im Kurs. Jeder sagt einen Buchstaben.

> Bringen Sie einen Ball mit. Die TN werfen sich den Ball zu und sagen je einen Buchstaben in der Reihenfolge des Alphabets.

23 | Ein Tier mit H? Hören Sie und schreiben Sie. 22

Lösungswort: ____________

24 | Buchstabieren Sie Wörter, die anderen sagen das Wort.

25 a | Wettbewerb: Wer findet die meisten Wörter? Schreiben Sie.

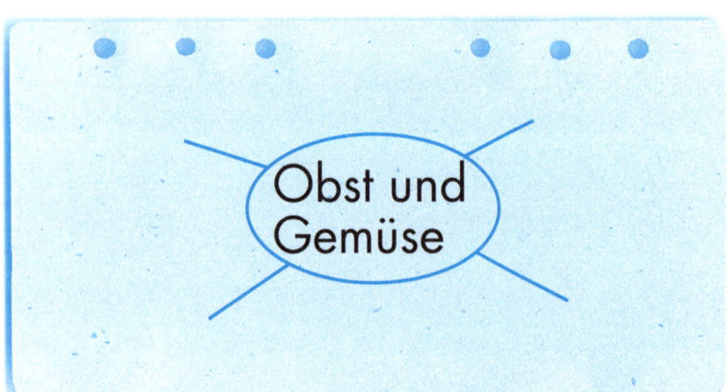

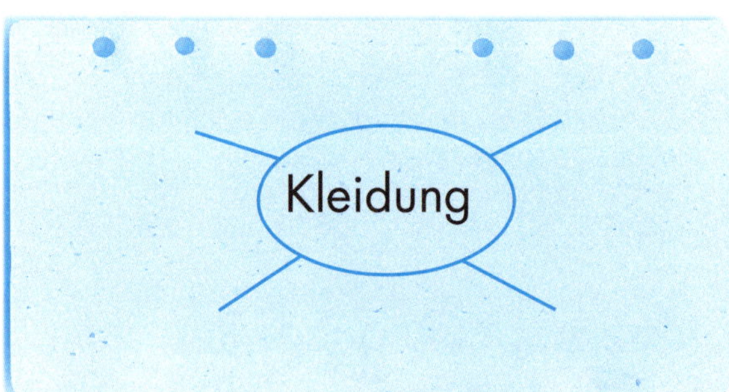

25 b | Ordnen Sie die Wörter zu einem Thema alphabetisch.

1 Was sehen Sie? Sprechen Sie.

Wortschatz:
Deutschland, Indien, Irak, Österreich, Russland, Schweiz, Syrien, Thailand, Türkei, Vietnam, …
Arabisch, Deutsch, Russisch, Türkisch, Vietnamesisch, …

Das können Sie sagen:
- • Woher kommen Sie? ▪ Ich komme aus …
- • Was sprechen Sie? ▪ Ich spreche … / ein bisschen Deutsch.
- – Wie heißt das auf Deutsch / …? ▲ Buch /… / Ich weiß es nicht.
- – Wie schreibt man das? / Wie spricht man das aus?
- – Können Sie das bitte wiederholen? / Können Sie mir bitte helfen?

Länder und Sprachen

2a | Lesen Sie und ordnen Sie zu.

Deutschland • Russland • Türkei • Indien • Vietnam • Syrien • Irak • Schweiz • Österreich

D ______

Sch ______

T ______

S ______

I ______

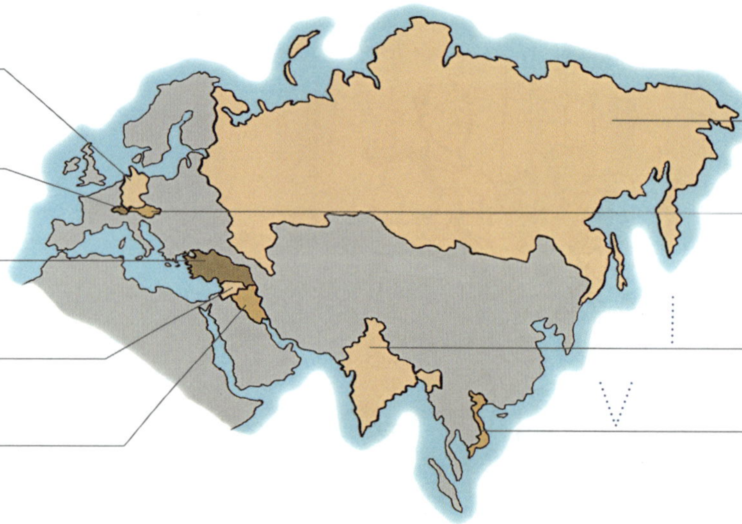

R ______

Ö ______

I ______

V ______

2b | Woher kommen die Personen? Hören Sie und schreiben Sie. 23

aus Russland ______

aus der ______

aus der ______

aus ______

2c | Woher kommen Sie? Sammeln Sie im Kurs und schreiben Sie.

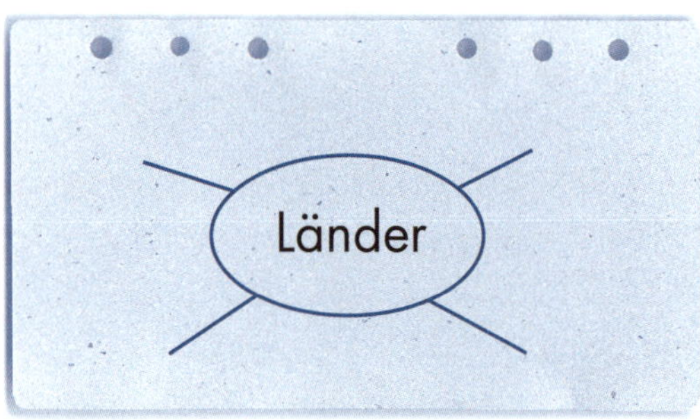

Ich komme aus ______ .

3a Länder und Sprachen. Lesen Sie und ordnen Sie zu.

Deutsch • ~~Türkisch~~ • Russisch • Arabisch • Vietnamesisch

Land	Sprache
Türkei	Türkisch
Russland	
Vietnam	
Irak	
Deutschland	

3b Was sprechen die Personen? Hören Sie und schreiben Sie. 24

Russisch

3c Was sprechen Sie? Sammeln Sie im Kurs.

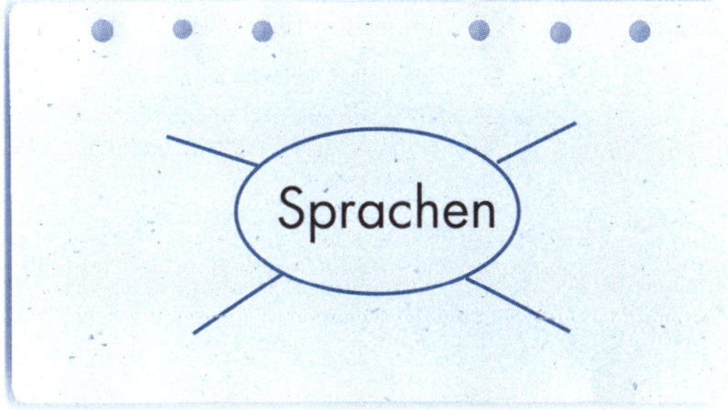

Schon fertig? Schreiben Sie Sätze über Ihren Kurs.

Ibrahim kommt aus Syrien. Er spricht Arabisch. ...

Ich spreche ______________.

Länder und Sprachen

4a | ie oder ei? Hören Sie und sprechen Sie nach. 25

4b | ie oder ei? Hören Sie und ergänzen Sie. 25

V___tnam Österr___ch Schw___z

Türk___ Syr___n Ind___n

5a | D oder T? Hören Sie und sprechen Sie nach. 26

5b | D oder T? Hören Sie und ergänzen Sie. 26

___ürkei ___ose ___ach

___eutschland ___isch ___elefon

6 | Wortanfang, -mitte oder -ende?
Wo hören Sie T/D? Kreuzen Sie an. 27–28

T	☒	☐	☐	☐	☐	☐	☐	☐	☐
D	☐	☐	☐	☐	☐	☐	☐	☐	☐

7 | Lesen Sie und ergänzen Sie.

	kommen	sprechen
ich	komm**e**	sprech___
du	komm**st**	spr**i**ch___
er/es/sie	komm**t**	spr**i**ch___
wir	komm**en**	sprech___
ihr	komm**t**	sprech___
sie/Sie	komm**en**	sprech___

8 Hören Sie und ergänzen Sie. 29

komm___ lern___ spr_ch___

spiel___ spr_ch___ koch___

9 Alpha-Mappe: Ergänzen Sie die Tabelle.

	kommen	sprechen	heißen
ich	komme	spreche	heiße
du			
er/es/sie			
wir			
ihr			
sie/Sie			

Schon fertig?
Schreiben Sie.

spielen – ich spiele, du spielst, ...
lernen – ich lerne, ...
kochen – ...

18 Länder und Sprachen

10a | Woher kommen die Personen?
Was sprechen sie? Lesen Sie und schreiben Sie.

Ich heiße Ali.
Ich komme aus der Türkei.
Ich spreche Türkisch und ein bisschen Deutsch.

Ich heiße Nga.
Ich komme aus Vietnam und
ich spreche Vietnamesisch.

Wir heißen Nura und Adil.
Wir kommen aus dem Irak und
wir sprechen Arabisch.

Das ist Ali.
Er kommt aus der Türkei.
Er spricht Türkisch und ein bisschen Deutsch.

Das ist Nga. ____________

____

____

Das sind ____________________

____

____

10b | Schreiben Sie einen Text über sich.

Ich heiße ____________________

____

10c Lesen Sie den Text Ihrer Partnerin / Ihres Partner. Sprechen Sie dann.

Du heißt …

Du kommst aus …

Du sprichst …

11a Lesen Sie.

Das ist Svetlana Ginter. Sie ist 42 Jahre alt. Sie kommt aus Russland und spricht Russisch. Ihr Mann heißt Viktor und kommt auch aus Russland. Svetlana ist Kellnerin. Sie arbeitet im Café. Sie hört gern Musik und tanzt gern. Aber sie kocht nicht gern.

11b Ergänzen Sie das Formular.

Nachname: Ginter

Vorname: ______

Land: ______

Sprachen: ______

Alter: ______

Hobby: ______

Schon fertig?
Was passt? Kreuzen Sie an.

aus Russland
- ☐ sprechen
- ☐ kommen
- ☐ heißen

Russisch
- ☐ arbeiten
- ☐ tanzen
- ☐ sprechen

11c Markieren Sie im Text bei 11a und schreiben Sie ins Heft.

Das **ist** Svetlana Ginter.
Sie **ist** 42 Jahre alt.
Sie **kommt** aus Russland und …

ist – sein
kommt – kommen

Länder und Sprachen

12a | Was passt? Ordnen Sie zu.

Wie schreibt man das?

Wie spricht man das aus?

Bitte helfen Sie mir.

12b | Hören Sie und ordnen Sie zu. 30

1

2

3

Wie schreibt man das?
Können Sie das bitte wiederholen?

Entschuldigung, können Sie mir bitte helfen?
Wie spricht man das aus?

Wie heißt das auf Türkisch?

12c | Wie heißt das auf Deutsch/...? Sprechen Sie.

Wie heißt das auf Deutsch?

Buch.

Wie heißt das auf Türkisch/
Vietnamesisch/...?

Kitap./Sách./...

Wie schreibt man das?

K I T A P

13 Fragen und Antworten. Ordnen Sie zu.

Wie heißen Sie?	Meine Telefonnummer ist …
Woher kommen Sie?	Ich spreche …
Wie ist Ihre Adresse?	Ich komme aus …
Wie ist Ihre Telefonnummer?	Meine Adresse ist …
Was sprechen Sie?	Ich heiße …

14a Füllen Sie das Formular aus. Hören Sie dann und vergleichen Sie.

31

Rania • 040 – 24 89 78 65 • Arabisch und Deutsch • Irak •
Hansastraße 32, 20149 Hamburg • ~~Scharin~~

Nachname: Scharin

Vorname: ______

Adresse: ______

______

Telefonnummer: ______

Heimatland: ______

Sprachen: ______

14b Fragen Sie Ihre Partnerin / Ihren Partner und füllen Sie das Formular aus.

Nachname: ______

…

Verwenden Sie die Kopiervorlage im Lehrwerkservice.

15 | Alpha-Mappe: Das bin ich. Ergänzen Sie Ihren Steckbrief.

Das bin ich

Ich komme aus ______________________________.

Ich spreche ______________________________.

16 | Welche Sprache ist das? Schreiben Sie und raten Sie.

Das ist Russisch.

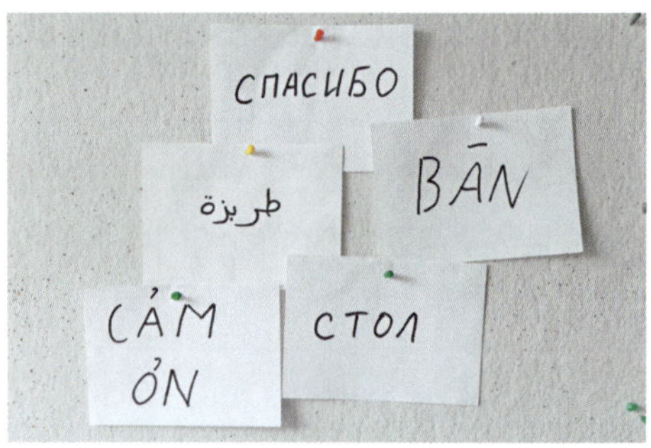

17 | Alpha-Mappe: Bringen Sie Produkte mit.
Woher kommen die Produkte? Sprechen Sie.
Kleben Sie die Etiketten auf und schreiben Sie.

Woher kommen die Kartoffeln?

Die Kartoffeln kommen aus Deutschland.

Schon fertig? Beschriften Sie das Bild auf Seite 15.

1 | Was sehen Sie? Sprechen Sie.

Wortschatz:
der Himmel, der Regen, der Schnee, die Sonne, der Wind, die Wolke
im Norden, im Osten, im Süden, im Westen

Das können Sie sagen:
- Wie ist das Wetter heute/morgen in …? – Heute … / Im Osten … / Am Nachmittag … / … regnet es.
  - Es ist kalt/warm/bewölkt/sonnig/…
  - Die Sonne scheint. / Es regnet.
  - Es sind 10 Grad.

■ Was möchten Sie machen? ▲ Ich möchte lernen/einkaufen/…

19 | Das Wetter

2 | Das Wetter. Lesen Sie und ordnen Sie zu.

die Wolke • die Sonne • der Himmel • der Regen • der Schnee • der Wind

 ______________________  ______________________

 ______________________  ______________________

 ______________________  ______________________

3 | Himmelsrichtungen. Lesen Sie und ordnen Sie zu.

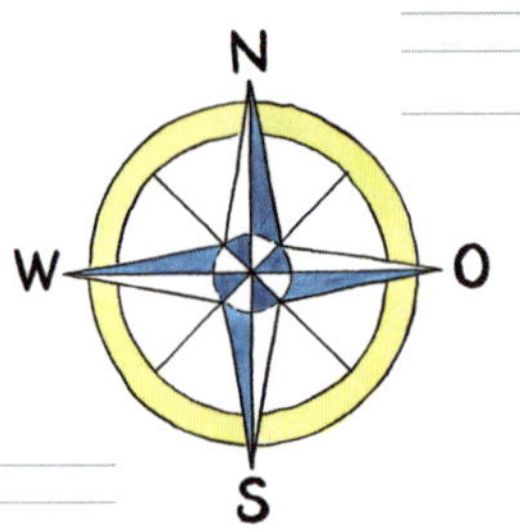

im Norden • im Westen • im Süden • im Osten

4a | Wo gibt es viel/ wenig Sonne oder Regen? Sehen Sie die Karte an und sprechen Sie.

Im Norden gibt es wenig Sonne.

4b | Was passt? Ergänzen Sie die Himmelsrichtungen.

 im Osten  ______________________

 ______________________  ______________________

4c *viel* oder *wenig*? Ergänzen Sie.

Im Norden gibt es wenig Sonne.
Im Osten gibt es ______ Sonne.
Im Süden gibt es ______ Regen.
Im Westen gibt es ______ Regen.

5a Hören Sie und sprechen Sie nach. 32

5b W/w oder V/v? Hören Sie und ergänzen Sie. 32

___ind	___olke	___enig
___iel	___ater	___ier
___ogel	___etter	___esten

6 Wortanfang, -mitte oder -ende?
Wo hören Sie W? Kreuzen Sie an. 33–34

W ☐ ☒ ☐ ☐ ☐ ☐ ☐ ☐ ☐

W ☐ ☐ ☐ ☐ ☐ ☐ ☐ ☐ ☐

7 Was hören Sie und wie schreibt man das? Ergänzen Sie. 35

-er • -el • -e • -en • -ig

Himm___	Wett___	Reg___	sonn___
Wolk___	Sonn___	Süd___	wind___

8 | Lesen Sie und ergänzen Sie.

1 Die Sonne scheint.	Heute	scheint	die Sonne.
	Im Osten	scheint	die Sonne.
2 Es regnet.	Heute	regnet	es.
	Im Osten	regnet	es.
3 Es ist kalt.	Heute	ist	es kalt.
	Im Osten	ist	es kalt.
4 Es ist warm.	Heute		
	Im Osten		

9a | Alpha-Box: Legen Sie Sätze und lesen Sie.

Verwenden Sie die Kopiervorlage im Lehrwerkservice.

9b | Schreiben Sie Sätze in Ihr Heft.

Am Vormittag	
Am Nachmittag	Es sind 10 Grad.
Am Abend	Die Sonne scheint.
Heute	Es regnet.
Morgen	Es ist windig.
Im Osten	Es ist bewölkt.

Am Vormittag sind es 10 Grad.

10a | Ein Wetterbericht. Lesen Sie.

In Bremen ist es heute kalt. Es regnet bei 12 Grad.

In Köln ist es bewölkt. Am Nachmittag scheint die Sonne. Es sind 16 Grad.

In Nürnberg ist es sonnig. Es ist warm. Es sind 18 Grad.

In Dresden ist es kalt. Am Vormittag regnet es und am Nachmittag ist es bewölkt. Es sind 10 Grad.

10b | Was passt? Lesen Sie noch einmal und ordnen Sie zu.

Bremen Köln Nürnberg Dresden

10c | Wie ist das Wetter morgen? Sprechen Sie.

> In Bremen sind es morgen 20 Grad.

11a | Alpha-Mappe: Wie ist das Wetter heute? Schreiben Sie.

11b | Und wie ist das Wetter morgen? Sprechen Sie über Wetterberichte aus Zeitungen. Kleben Sie sie auf eine Seite und beschriften Sie sie.

12 | Wortschlange. Trennen Sie die Wörter und schreiben Sie.

In|Bremen|ist|es|heute|kalt. Esregnetbei12Grad.
InKölnistesbewölkt.AmNachmittagscheintdieSonne.
Essind16Grad.

In Bremen ist es heute kalt.

13 | Welche Antwort-SMS passt? Lesen Sie und kreuzen Sie an.

Hallo Laura,
wie geht es dir?
Mir geht es gut.
Die Sonne scheint.
Das Wetter ist super.
Ich möchte spazieren gehen. Kommst du mit?
Tschüs Yasmin

☐ Hallo Yasmin,
wie geht es dir?
Es regnet. Ich möchte arbeiten.
Was möchtest du machen?
Tschüs Laura

☐ Hallo Yasmin,
mir geht es auch gut. Ich komme gern mit. Wann möchtest du spazieren gehen?
Tschüs Laura

14 | Wie ist das Wetter und was möchten Sie machen? Schreiben Sie Sätze.

Heute regnet es. Ich möchte lernen.

Schon fertig? Schreiben Sie eine SMS wie in Aufgabe 13.

15a Wie ist das Wetter? Hören Sie und sprechen Sie nach. 36–41

15b Klassenspaziergang: Fragen Sie und antworten Sie.

Wie ist das Wetter?

25 °C

Die Sonne scheint.
Es sind 25 Grad.

Jeder TN erhält eine Bildkarte zum Thema „Wetter". Dazu gestalten sie Karten mit Temperaturangaben. Die TN gehen in der Klasse herum und fragen: Wie ist das Wetter? Die Partner antworten entsprechend ihren Karten. Dann Karten tauschen und Partner wechseln.

16a Wie ist das Wetter? Hören Sie und kreuzen Sie an. 42–45

	sonnig	windig	bewölkt	Regen
1 Türkei	☒	☐	☐	☐
2 Polen	☐	☐	☐	☐
3 Syrien	☐	☐	☐	☐
4 Schweiz	☐	☐	☐	☐

16b Wie viel Grad sind es in …?
Hören Sie noch einmal und schreiben Sie. 42–45

1 Türkei 26 Grad
2 Polen ______
3 Syrien ______
4 Schweiz ______

17 Wie ist das Wetter in Ihrem Herkunftsland?
Fragen Sie und antworten Sie.

Wie ist das Wetter jetzt in Vietnam?

In Vietnam ist es warm.
Es sind 35 Grad.

19 | Wiederholung

18a | Kennen Sie diese Wörter? Lesen Sie.

das Haus
das Dach
die Tür
der Garten

der Hund
die Blume
der Baum
die Sonne

der Himmel
die Wolke
der Vogel
die Luft

18b | Lesen Sie und zeichnen Sie.

Das ist mein Haus.
Das Dach ist rot und die Tür ist grün.
Am Haus ist ein Garten.
Im Garten ist ein Hund.
Der Hund ist groß und braun.
Im Garten sind viele Blumen und zwei Bäume.
Die Sonne scheint.
Der Himmel ist blau.
Am Himmel ist eine Wolke.
Ein Vogel fliegt in der Luft.

19 | Wortschlange. Trennen Sie die Wörter.

Das|ist|mein|Haus.DasDachistrotunddieTüristgrün.
AmHausisteinGarten.ImGartenisteinHund.

20 | Was ist richtig? Lesen Sie und kreuzen Sie an.

- [ ] Das Wetter ist gut.
- [ ] Das Wetter sind gut.
- [ ] Die Sonne schneit.
- [ ] Die Sonne scheint.
- [ ] Es gibt viel Sonne.
- [ ] Es gibt viele Sonne.
- [ ] Der Himmel ist blau.
- [ ] Der Himmel ist grün.

21 | Schreiben Sie eine Geschichte zum Bild auf Seite 25.

Die Frau ist in Deutschland. Es ist bewölkt. ...

1 | Was sehen Sie? Sprechen Sie.

Wortschatz:
die Sekunde, die Minute, die Stunde, der Tag, die Woche, der Monat, das Jahr
Montag, Dienstag, Mittwoch, Donnerstag, Freitag, Samstag, Sonntag
Januar, Februar, März, April, Mai, Juni, Juli, August, September, Oktober, November, Dezember

Das können Sie sagen:
- • Wann haben Sie Geburtstag? – Ich habe im September Geburtstag.
- ■ Haben Sie am Montag/… Zeit? ▲ Ja, da habe ich Zeit. / Nein, tut mir leid.
- ■ Wann haben Sie Zeit? ▲ Am Samstag/…
- ■ Was machen Sie am Montag/…? ▲ Am Montag/… gehe ich zum Arzt / zur Schule / zur Arbeit.

20 Die Woche

2 | Die Woche und ihre Tage. Lesen Sie und ordnen Sie zu.

Mittwoch •
Freitag •
Montag •
Sonntag •
Dienstag •
Donnerstag •
Samstag

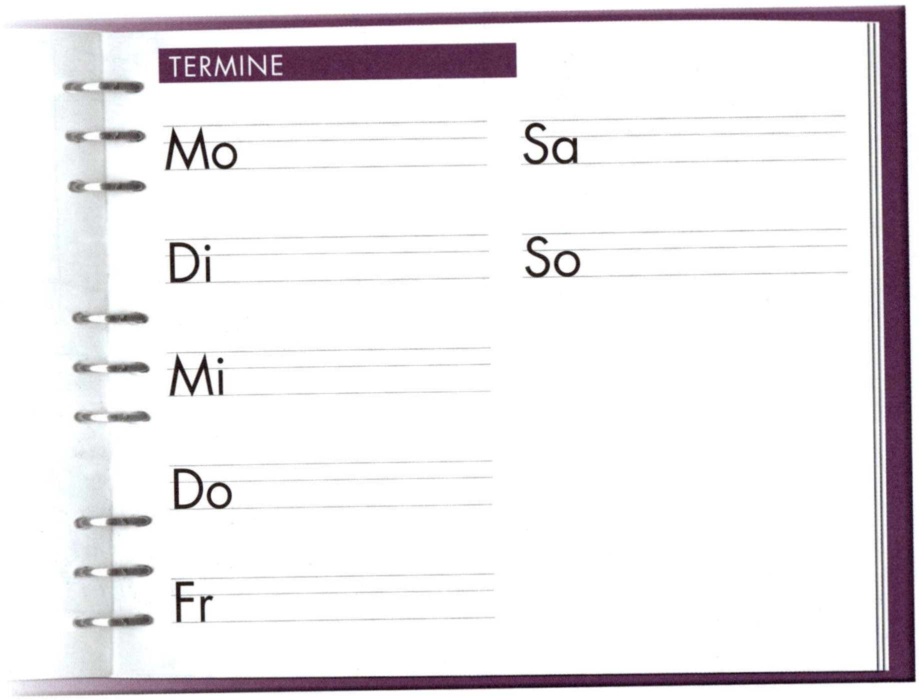

3 | Schreiben Sie.

Welcher Tag ist heute? ____________________

Welcher Tag ist morgen? ____________________

Welcher Tag war gestern? ____________________

4 | Alpha-Box: Machen Sie Wortkarten und ordnen Sie zu.

Schon fertig? Schreiben Sie richtig in Ihr Heft.

Mentag Dinstag Mitwoch
Donerstag Fraitag Samtag Sontag

5 Lang oder kurz? Hören Sie und markieren Sie. 46

M**o**ntag D**ie**nstag M**i**ttwoch D**o**nnerstag Fr**ei**tag
S**a**mstag S**o**nntag

6 Wortanfang, -mitte oder -ende?
Wo hören Sie A/E/I/O/U? Kreuzen Sie an. 47

A	☐	☒	☐	☐	☐	☐	☐	☐	☐
E	☐	☐	☐	☐	☐	☐	☐	☐	☐
I	☐	☐	☐	☐	☐	☐	☐	☐	☐
O	☐	☐	☐	☐	☐	☐	☐	☐	☐
U	☐	☐	☐	☐	☐	☐	☐	☐	☐

7a Hören Sie und sprechen Sie nach. 48–50

7b Hören Sie und ergänzen Sie. 48–50

o oder u?	E/e oder I/i?	A/a oder O/o?
S___nne	___ssen	w___nn
s___per	___nsel	w___
B___s	w___r	r___t
P___st	w___r	R___d
M___nd	W___tter	___ma
M___nd	W___nd	___mpel

20 Die Woche

8 | Die Monate im Jahr. Lesen Sie und ordnen Sie zu.

Mai • April • November • März • August • ~~Januar~~ • September • Februar • Juni • Dezember • Juli • Oktober

1. Monat	Januar	7. Monat	
2. Monat		8. Monat	
3. Monat		9. Monat	
4. Monat		10. Monat	
5. Monat		11. Monat	
6. Monat		12. Monat	

9 | Schreiben Sie.

Welcher Monat ist jetzt? ______________________

10 | In welchem Monat haben die Personen Geburtstag? Lesen Sie und schreiben Sie.

Tim hat im Mai Geburtstag.
Emine hat im September Geburtstag.
Rania hat im Januar Geburtstag.

Wann hat Emine Geburtstag? Im September.

Wann hat Tim Geburtstag? ______________________

Wann hat Rania Geburtstag? ______________________

Wann haben Sie Geburtstag? ______________________

11a Geburtstage. Hören Sie und ergänzen Sie. 51

1 Mascha hat im November Geburtstag.

2 Sinan ______________________

3 Thoa ______________________

4 Sami ______________________

11b Klassenspaziergang: Fragen Sie und antworten Sie.

Wann haben Sie Geburtstag?

Ich habe im Mai Geburtstag.

12a Hans hat Geburtstag. Lesen Sie.

Hans hat am Freitag Geburtstag.
Hans wird 40 Jahre alt und möchte seine Freunde einladen.
Er möchte im Garten feiern und grillen.

12b Hans´ Einladung an Jana. Ergänzen Sie.

Schon fertig?
Schreiben Sie eine Einladung zu Ihrem Geburtstag.

13a | Hören Sie und sprechen Sie nach. 52

13b | Was sollen die Personen schenken? 53–54
Hören Sie und kreuzen Sie an.

1

☐ eine Rose
☐ eine Hose

☐ eine Vase
☐ eine Nase

2

☐ eine Suppe
☐ eine Puppe

☐ eine Tasche
☐ eine Flasche

14a | Hören Sie und sprechen Sie nach.
Markieren Sie dann ah/eh/oh/uh. 55

Jahr Zahl fahren Lehrer sehr

wohnen Ohr Uhr Stuhl Schuh

14b | Markieren Sie ah/eh/oh/uh und lesen Sie dann.

- • Wie geht es Ihnen?
- – Sehr gut.

- ■ Wo wohnen Sie?
- ▲ Ich wohne in der Schuhstraße.

Ich fahre in die Schule. Der Lehrer ist schon da.
Ich sehe auf die Uhr und gehe zu meinem Stuhl.

Schon fertig?
Was ist richtig? Lesen Sie und kreuzen Sie an.

☐ Einladung	☐ Einlabung	☐ Jumi	☐ Juni
☐ Geburtstag	☐ Gedurtstag	☐ Mei	☐ Mai
☐ Sebtemper	☐ September	☐ April	☐ Aqril

15a Lesen Sie und ergänzen Sie.

~~das Jahr~~ • die Woche • der Monat • das Jahr • der Tag • die Minute • die Stunde

Das Jahr hat 12 Monate. ______ ______ hat 30 oder 31 Tage. ______ ______ hat 52 Wochen. ______ ______ hat 7 Tage. ______ ______ hat 24 Stunden. ______ ______ hat 60 Minuten. ______ ______ hat 60 Sekunden.

15b Beantworten Sie die Fragen.

Wie viele Wochen hat ein Jahr? 52

Wie viele Monate hat ein Jahr? ______

Wie viele Tage hat eine Woche? ______

Wie viele Tage hat ein Monat? ______

16a Projekt: Bringen Sie verschiedene Kalender mit. Sprechen Sie über die Feiertage in Deutschland und in Ihrem Herkunftsland.

In welchem Monat ist Neujahr?

Neujahr in Deutschland ist im Januar. Neujahr in Thailand ist im April.

16b Gestalten Sie einen Kalender. Schreiben Sie die Geburtstage Ihres Kurses und die Feiertage in den Kalender.

17a | Was macht Familie Hein? Lesen Sie.

Frau und Herr Hein gehen jeden Tag zur Arbeit.
Am Wochenende haben sie frei.
Die Kinder gehen zur Schule.
Im Juli und August haben sie Ferien.
Am Mittwoch gehen die Kinder zum Sport.
Am Samstag gehen alle zum Supermarkt.
Am Sonntag gehen alle zum Spielplatz.

17b | Beantworten Sie die Fragen.

1 Wohin gehen Frau und Herr Hein jeden Tag?
2 Was machen die Kinder?
3 Wann haben die Kinder Ferien?
4 Wann haben Herr und Frau Hein frei?
5 Wann gehen sie zum Spielplatz?
6 Was machen die Kinder am Mittwoch?
7 Was macht die Familie am Samstag?

1 Zur Arbeit.
2 ...

18 | Alpha-Mappe: Mein Alpha-Kurs.
Gestalten Sie eine Anwesenheitsliste.

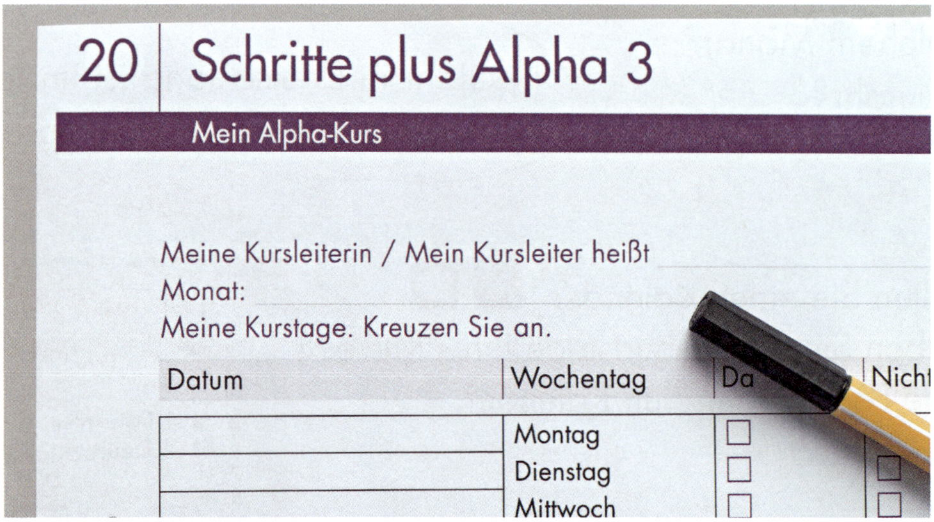
20 Schritte plus Alpha 3

Mein Alpha-Kurs

Meine Kursleiterin / Mein Kursleiter heißt
Monat:
Meine Kurstage. Kreuzen Sie an.

Datum	Wochentag	Da	Nicht
	Montag	☐	
	Dienstag	☐	☐
	Mittwoch	☐	☐

19 Wohin geht Frau Weber an welchem Tag? Hören Sie und schreiben Sie. 56–59

TERMINE

1 Mo zur Schule

Di

2 Mi

3 Do

Fr

4 Sa

20 Was machen Sie wann? Schreiben Sie einen Terminkalender und sprechen Sie.

TERMINE

Mo

Di

Mi

Do

Fr

Sa

So

Haben Sie am Montag Zeit?

Nein, tut mir leid. Ich gehe zum Arzt.

Ja, da habe ich Zeit.

21 | Fragespiel: Was macht Lena am …?

Was macht Lena am Montag?

Fußball spielen.

Gruppe 1

Mo ________

Di 

Mi ________

Do 

Fr ________

Sa 

So ________

Gruppe 2

Mo 

Di ________

Mi 

Do ________

Fr 

Sa ________

So 

22 | Wann haben die Personen Zeit?
Suchen Sie und schreiben Sie Sätze.

Nina hat am Samstag Zeit.

____

Schon fertig?
Diktieren Sie Tage und Monate.
Ihre Partnerin / Ihr Partner schreibt.

Der Fernsehabend | 21

1 | Was sehen Sie? Sprechen Sie.

Wortschatz:
das Fernsehprogramm, die Fernsehzeitung, der Krimi, die Nachrichten, die Quiz-Sendung, die Serie, der Spielfilm
die Eltern, die Mutter, der Vater, die Kinder, die Tochter, der Sohn, die Geschwister, die Schwester, der Bruder, die Großeltern, die Großmutter, der Großvater, die Enkelkinder, die Tante, der Onkel

Das können Sie sagen:
- • Was kommt heute/am Dienstag/... – Heute kommt ein Krimi / ein Spielfilm / eine Serie /...
- • Wann beginnt der Krimi/... – Der Krimi/... beginnt um 20.15 Uhr.
- ▪ Sehen Sie gern fern? ▲ Ja, ich sehe gern fern. – Nein, ich sehe nicht gern fern.
- ▪ Was sehen Sie gern? ▲ Ich sehe gern ...
- ▲ Wie viele Kinder/Geschwister ... haben Sie? ▪ Ich habe .../keine Kinder / einen Bruder ...

Der Fernsehabend

2 | Wie spät ist es? Lesen Sie.

Es ist 8 Uhr.

Es ist 8 Uhr 10.

Es ist 8 Uhr 15.

Es ist 8 Uhr 35.

Es ist 8 Uhr 45.

Es ist 8 Uhr 58.

3 | Wie spät ist es? Sprechen Sie.

12:25 17:43 20:15 22:50

Schon fertig?
Schreiben Sie weitere Uhrzeiten auf.
Sprechen Sie.

4 | Wann? Lesen Sie und schreiben Sie.

Wann fährt der Zug?

Um 9 Uhr 38.

Wann fährt der Bus?

____

Wann beginnt der Film?

____

Wann kommt Oma?

____

5 a | Das Fernsehprogramm. Lesen Sie und ordnen Sie zu.

der Spielfilm • der Krimi • die Nachrichten •
die Quiz-Sendung • der Wetterbericht • ~~die Serie~~

12.00	Quiz am Mittag	
13.00	Das Mittagsmagazin	
15.00	Die Koch-Show	
15.50	Willkommen im Leben Familienserie	1
16.45	Elefant, Tiger & Co. Geschichten aus dem Zoo	
18.10	Abendquiz	2
19.40	Lotto	
19.50	Das Wetter	3
20.00	Tagesschau Nachrichten	4
20.15	Tatort Krimi	5
22.45	Das Haus am See Spielfilm	6
0.20	Das Nachtmagazin	

1 die Serie
2 ______
3 ______
4 ______
5 ______
6 ______

5 b | Fragen Sie und antworten Sie.

Was kommt heute?

Heute kommt ein Krimi.

Wann beginnt der Krimi?

Der Krimi beginnt um 20 Uhr 15.

Schon fertig? Schreiben Sie Sätze.

Das Mittagsmagazin beginnt um ...

21 Der Fernsehabend

6a Lesen Sie und schreiben Sie.

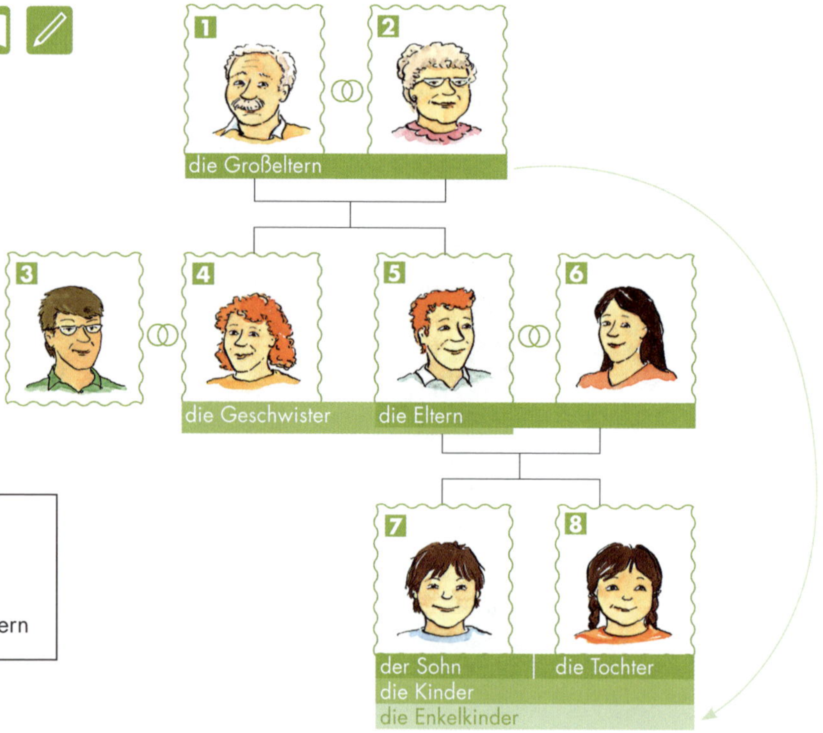

die Tochter – die Töchter
der Sohn – die Söhne
der Bruder – die Brüder
die Schwester – die Schwestern

der Vater • die Mutter • die Tante • der Onkel • die Großmutter • der Großvater • der Bruder • die Schwester

1 ______________ 5 ______________

2 ______________ 6 ______________

3 ______________ 7 ______________

4 ______________ 8 ______________

6b Wie viele Kinder/Geschwister haben die Personen? Sprechen Sie.

Die Eltern haben zwei Kinder.

Die Tante hat keine Kinder.

7 Hören Sie und schreiben Sie in Ihr Heft. 60

Ich habe …

8a | Und Ihre Familie? Fragen Sie und antworten Sie.

Wie viele Kinder/Geschwister haben Sie?

8b | Schreiben Sie einen Text für Ihre Alpha-Mappe.

Ich habe … Kinder. Sie heißen …
Sie sind … Jahre alt.
Wir kommen aus … Meine Eltern …

Schon fertig?
Zeichnen Sie Ihren Familienstammbaum. Sprechen Sie mit Ihrer Partnerin / Ihrem Partner.

9 | Wortanfang, -mitte oder -ende?
Wo hören Sie K/G? Kreuzen Sie an. 61–62

K	☐	☒	☐	☐	☐	☐	☐	☐	☐	☐	☐	☐
G	☐	☐	☐	☐	☐	☐	☐	☐	☐	☐	☐	☐

10a | Hören Sie und sprechen Sie nach. 63–64

10b | Hören Sie und ergänzen Sie. 63–64

S/s oder Z/z?	K/k oder G/g?
___endung	___rimi
___eitung	___inder
___ohn	Sendun___
Maga___in	Pro___ramm

21 Der Fernsehabend

11a | Hören Sie und sprechen Sie nach. 65–67

11b | Hören Sie und ergänzen Sie. 65–67

mm oder nn?	ss oder zz?	tt oder pp?
ko____en	e____en	Mu____er
Zi____er	Wa____er	Ma____e
So____tag	Pi____a	Mi____ag
Progra____	Nü____e	Be____

11c | Markieren Sie ss/zz/mm/... und lesen Sie.

- ● Was essen Sie gern?
- – Ich esse gern Pizza und Nüsse.

- ■ Wann kommt deine Mutter?
- ▲ Meine Mutter kommt morgen Mittag.

- ◆ Wo ist meine Mappe?
- ■ Die Mappe ist im Wohnzimmer.

- * Was kommt am Sonntag im Fernsehen?
- ○ Ich weiß es nicht. Wo ist das Programm?

12 | Lange Wörter. Lesen Sie und schreiben Sie.

fernseh(en)	+	der Abend	=	der Fernsehabend
fernseh(en)	+	die Zeitung	=	die Fernsehzeitung

fernseh(en) + das Programm = ____________________

spiel(en) + der Film = ____________________

wohn(en) + das Zimmer = ____________________

Kinder + das Zimmer = ____________________

13a | Lesen Sie und beantworten Sie die Fragen.

Ein Fernsehabend bei Familie Dulak

Es ist Abend. Das Kind schläft im Kinderzimmer. Mutter und Vater sind im Wohnzimmer. Sie haben jetzt Zeit und möchten fernsehen. Die Mutter sucht die Fernsehzeitung. Sie ist auf dem Tisch. Der Vater holt Nüsse zum Essen. Dann sitzen beide auf dem Sofa und lesen das Fernsehprogramm. Sie sehen gern Spielfilme.

1. Wo ist das Kind? Im Kinderzimmer.
2. Was machen Vater und Mutter am Abend? ______
3. Was sucht die Mutter? ______
4. Was holt der Vater? ______
5. Wo sitzen die Eltern? ______
6. Was sehen sie gern? ______

13b | Wie ist das in Ihrer Familie? Was sehen Sie gern? Sprechen Sie.

Meine Frau sieht gern Nachrichten.

Mein Mann sieht gern Filme.

Schon fertig? Markieren Sie die Wörter von Aufgabe 12 im Text bei 13a.

14 | Was passt? Ordnen Sie zu.

	ter		ter		gel		der		ta		te
Mut		Bru		On		Va		Schwes		Tan	
	ta		der		kel		ter		ter		de

15 | Stationen lernen

Station 1

Schreiben Sie Sätze und machen Sie ein Satzpuzzle.

Ich	heiße	Sara	.		
Ich	bin	24	Jahre	alt	.

Station 2

Schreiben Sie Wörter und machen Sie ein Wortpuzzle.

K	r	i	m	i	
S	e	r	i	e	
B	r	u	d	e	r

Station 3

Sehen Sie das Bild auf Seite 43 an und beantworten Sie die Fragen.

Wo ist die Familie?

Im Wohnzimmer.

Wer liest die Fernsehzeitung?

Wie spät ist es?

Was sieht der Vater im Fernsehen?

16a | Fragebogen. Lesen Sie und kreuzen Sie an.

Sehen Sie gern fern?	**Was sehen Sie gern?**
☐ Ja, ich sehe gern fern.	☐ Ich sehe gern Nachrichten.
☐ Nein, ich sehe nicht gern fern.	☐ Ich sehe gern Sport.
	☐ Ich sehe gern ______________.

16b | Klassenspaziergang: Fragen Sie und antworten Sie.

Sehen Sie gern fern?

Ja, ich sehe gern fern. / Nein, ich …

17 | Was sehen die Personen im Fernsehen? 68
Und wann? Hören Sie das Gespräch und kreuzen Sie an.

Was?	☐ Sport	☐ Film	☐ Quiz-Sendung
Wann?	☐ um 20.00 Uhr	☐ um 20.15 Uhr	☐ um 22.00 Uhr

18a | Projekt: Bringen Sie eine Fernsehzeitung mit. Verabreden Sie sich zu einem Fernsehabend. Was möchten Sie sehen? Sprechen Sie.

Ich möchte Nachrichten sehen.

18b | Sprechen Sie über das Fernsehen in Ihrem Herkunftsland.

19 | Projekt: Sehen Sie im Kurs eine Sendung an.
Was haben Sie verstanden? Sprechen Sie.

20 | Lange Wörter. Schreiben Sie.

 + der  der Kochtopf

 + der  ______________

 + die  ______________

 + die  ______________

21 | Satzpuzzle. Schreiben Sie Fragen und antworten Sie.

gern – fern – Sehen – Sie – ? Sehen Sie gern fern?

sehen – gern – Was – Sie – ? ______________

Sie – Kinder – Haben – ? ______________

Kinder – Wie – Sie – viele – haben – ? ______________

1 | Was sehen Sie? Sprechen Sie.

Wortschatz:
der Herd, der Kühlschrank, die Spülmaschine, die Waschmaschine
billig – teuer, neu – gebraucht, schön – hässlich, kaputt

Das können Sie sagen:
- Ich suche … / Ich brauche …
- Ist der Computer neu? – Nein, der Computer ist gebraucht.
- Der Fernseher ist teuer/billig/…
- ■ Wie gefällt Ihnen die Jacke /…? ▲ Die Jacke / … gefällt mir. Sie ist schön.
  ▲ Die Jacke /… gefällt mir nicht. Sie ist hässlich.

2 | Zahlen. Lesen Sie.

100	hundert	600	sechshundert
200	zweihundert	700	siebenhundert
300	dreihundert	800	achthundert
400	vierhundert	900	neunhundert
500	fünfhundert	1000	tausend

3 | Alpha-Box: Legen Sie Zahlen und sprechen Sie.

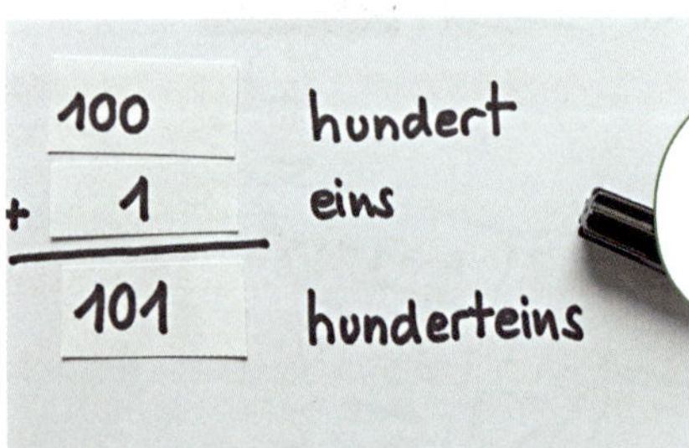

hundert …
eins …
hunderteins

4 | Zahlen. Hören Sie und lesen Sie leise mit. Sprechen Sie dann.

69

110 230 361 457 588 643 799 850 928 1080

5 | Was passt? Lesen Sie und ordnen Sie zu.

Das Auto kostet	495,- €.
Der Schrank kostet	79,- €.
Die Jacke kostet	14.999,- €.
Der Stift kostet	2,99 €.

Schon fertig?
Was kosten die Gegenstände im Kursraum? Raten Sie.

6a Auf dem Flohmarkt. Lesen Sie und ordnen Sie zu.

~~die Waschmaschine~~ • die Spülmaschine • der Kühlschrank • der Herd • der Fernseher • der Computer

① ______________________ ④ ______________________

② die Waschmaschine ⑤ ______________________

③ ______________________ ⑥ ______________________

wasch(en)	+	die Maschine	=	die Waschmaschine
spül(en)	+	die Maschine	=	______________
kühl(en)	+	der Schrank	=	______________

6b Hören Sie und lesen Sie. Spielen Sie dann Gespräche. 70

- Ist **der** Computer neu?
- Nein, **er** ist gebraucht.
- Was kostet er?
- Er kostet nur 20 €.

- Ist **die** Waschmaschine gebraucht?
- Ja, **sie** ist 10 Jahre alt.
- Was kostet sie?
- Sie kostet 100 €.

6c Schreiben Sie Sätze zum Bild in Aufgabe 6a.

billig • teuer • neu • gebraucht • kaputt

Der Fernseher ist neu.

22 Produkte und Kataloge

7 | Was passt? Lesen Sie und kreuzen Sie an.

- ☐ Das Bett ist lang.
- ☐ Das Brett ist kurz.
- ☐ Das Brot ist groß.

- ☐ Der Schuh ist billig.
- ☐ Der Schrank ist alt.
- ☐ Die Schule ist groß.

- ☐ Der Saft ist teuer.
- ☐ Die Stadt ist klein.
- ☐ Das Sofa ist kaputt.

- ☐ Der Herd ist neu.
- ☐ Das Hemd ist gebraucht.
- ☐ Das Haar ist lang.

8 | Fragespiel: Fragen Sie und antworten Sie.

Was kostet der Schrank?

Der Schrank kostet 279,- €.

falten

Gruppe 1

Rechnung	EUR
Schrank	
Tisch	457,-
4 Stühle	
Sofa und Sessel	998,-
Bett	
Lampe	589,-
Computer	
Handy	135,-
Summe EUR	

Vielen Dank für Ihren Einkauf!

Gruppe 2

Rechnung	EUR
Schrank	279,-
Tisch	
4 Stühle	240,-
Sofa und Sessel	
Bett	619,-
Lampe	
Computer	769,-
Handy	
Summe EUR	

Vielen Dank für Ihren Einkauf!

Schon fertig? Was hat die Person insgesamt bezahlt?

9a Lesen Sie.

Alis Fernseher ist kaputt. Er möchte einen neuen Fernseher kaufen. Er kauft eine Zeitung und findet eine Anzeige. In der Zeitung ist ein Prospekt. Dort findet er ein Angebot.

9b Was ist richtig? Kreuzen Sie an.

- ☐ Alis Computer ist kaputt.
- ☐ Ali sucht einen Fernseher.
- ☐ Ali kauft einen Fernseher.
- ☐ In der Zeitung ist eine Anzeige.
- ☐ Im Prospekt findet Ali ein Angebot.

10a Lesen Sie und sprechen Sie.

Ist der Fernseher neu/gebraucht?
Was kostet der Fernseher?
Wie alt ist er?
Welche Farbe hat er?

...

10b Schreiben Sie Sätze.

1 Der Fernseher ist neu. ____________________

____

2 ____________________

____

____

11 Welche Wörter zum Thema *Kleidung* kennen Sie?
Suchen Sie in Ihrer Alpha-Box und schreiben Sie.

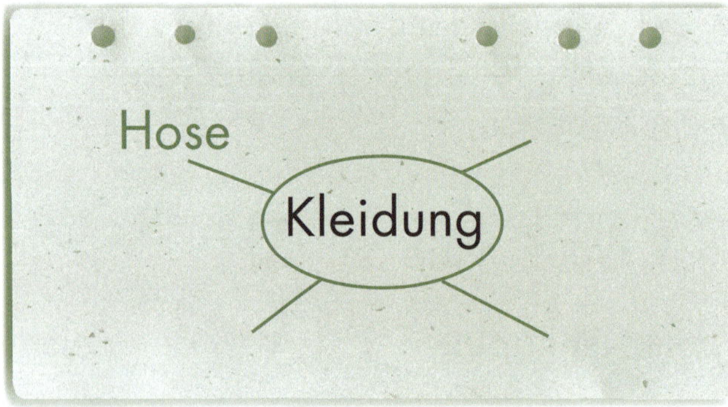

12a Lesen Sie.

– Wie gefällt Ihnen die Jacke?
• Die Jacke gefällt mir. Sie ist schön.
▪ Die Jacke gefällt mir nicht. Sie ist hässlich.

12b Wie gefällt Ihnen ...? Sprechen Sie.

Die Hose ist schön.

Der Rock gefällt mir nicht.

13a Projekt: Bringen Sie Kataloge mit und sprechen Sie mit Ihrer Partnerin / Ihrem Partner.

Welche Größe haben Sie?
Welche Farbe möchten Sie?
Was kostet …?

13b Füllen Sie das Formular aus.

Name ______________________

Vorname ______________________

Straße ______________________

PLZ/Stadt ______________________

Telefon ______________________

Stück	Artikel-Bezeichnung	Größe	Farbe	Preis
			Summe	

13c Tauschen Sie die Formulare und sprechen Sie über Ihre Partnerin / Ihren Partner.

Sie/Er kauft eine Hose.
Sie/Er hat Größe …

Sie/Er möchte die Hose in grau.
Die Hose kostet …

14a | Was schreibt man groß?
Korrigieren Sie und schreiben Sie richtig.

alis fernseher ist kaputt. er möchte einen neuen fernseher kaufen.
er kauft eine zeitung und findet eine anzeige.
in der zeitung ist ein prospekt. dort findet er ein angebot.

Alis Fernseher ...

14b | Groß oder klein? Kreuzen Sie an.

- ☐ der computer ☐ der Computer
- ☐ teuer ☐ Teuer
- ☐ ich kaufe ☐ ich Kaufe
- ☐ ali ☐ Ali
- ☐ er kostet ☐ er Kostet

Schon fertig?
Groß oder klein? Kreuzen Sie an.

- ☐ Der Herd ist kaputt.
- ☐ der Herd ist kaputt.

14c | Alpha-Box:
Ziehen Sie eine Bildkarte.
Groß oder klein? Schreiben Sie.

15a | Hören Sie und sprechen Sie nach. 71–72

15b | Hören Sie und ergänzen Sie. 71–72

Sch/sch oder S?	W/w oder F/f?
Spülma____ine	____ernseher
____ofa	____aschmaschine
____essel	____inden
____rank	____as

16 | Was kostet das? Hören Sie und kreuzen Sie an. 73–74

1	☐ 910 €	☐ 610 €	☐ 160 €
	☐ 675 €	☐ 765 €	☐ 756 €
2	☐ 185 €	☐ 158 €	☐ 850 €
	☐ 290 €	☐ 299 €	☐ 209 €

17a | Im Geschäft. Lesen Sie die Fragen.
Hören Sie dann mehrmals und schreiben Sie. 75

Was kauft die Frau? ____________________

Welche Größe hat die Frau? ____________________

Welche Farbe kauft die Frau? ____________________

Was kostet das Kleidungsstück? ____________________

17b | Spielen Sie Verkaufsgespräche.

18 Kreuzworträtsel.
Finden Sie das Lösungswort.

1	Rot ist eine	Land.
2	Zwölf ist eine	Name.
3	Russland ist ein	Obst.
4	Die Tomate ist ein	Zahl.
5	Der Pfirsich ist ein	Farbe.
6	Moni ist ein	Buchstabe.
7	Z ist ein	Gemüse.

Lösungswort:

F _ _ _ _ _ _ K _

19a Bilden Sie sechs Wörter und schreiben Sie.

Kühl Wasch Han ma Com — Kühlschrank

schi pu ne Fern ter se Spül

schrank ma her schi dy ne

19b Klatschen Sie die Silben und ordnen Sie zu.

Kühl schrank

Schon fertig? Nehmen Sie Bildkarten aus der Alpha-Box. Sprechen Sie das Wort, klatschen Sie die Silben und schreiben Sie.

Schon fertig? Schreiben Sie ein Rätsel wie in Aufgabe 18.

1 | Was sehen Sie? Sprechen Sie.

Wortschatz:
das Gesicht: das Auge – die Augen, die Nase, der Mund, der Zahn – die Zähne, das Ohr – die Ohren, das Haar – die Haare
der Körper: der Kopf, der Hals, der Bauch, das Bein – die Beine, der Fuß – die Füße, der Zeh – die Zehen, der Rücken, der Arm – die Arme, die Hand – die Hände, der Finger – die Finger
die Kopfschmerzen, die Ohrenschmerzen, die Zahnschmerzen, die Bauchschmerzen, die Rückenschmerzen, das Fieber, der Husten; gesund – krank

Das können Sie sagen:
- • Was tut Ihnen weh? – Mein Kopf /… tut weh.
- • Haben Sie Schmerzen? – Ich habe Kopfschmerzen /…
- ▪ Was machen Sie bei Bauch-/…schmerzen? ▲ Tee trinken. / Schlafen. /…

2 | Der Körper. Lesen Sie und ordnen Sie zu.

~~das Bein – die Beine~~ • der Kopf • der Finger – die Finger • der Fuß – die Füße • der Hals • der Zeh – die Zehen • der Arm – die Arme • der Rücken • die Hand – die Hände • der Hals • der Bauch

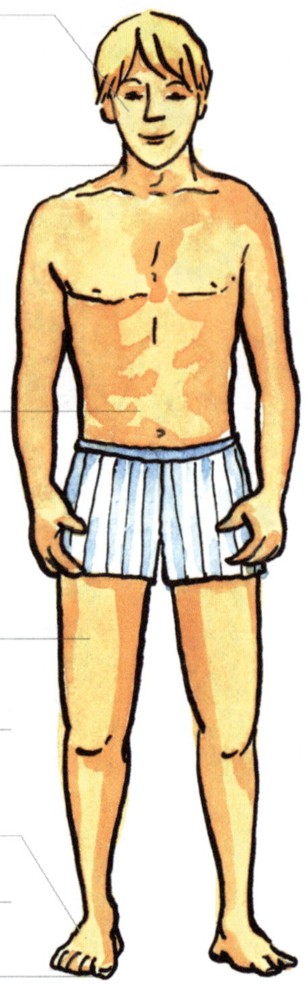

das Bein
die Beine

① ____________

② ____________

③ ____________

④ ____________

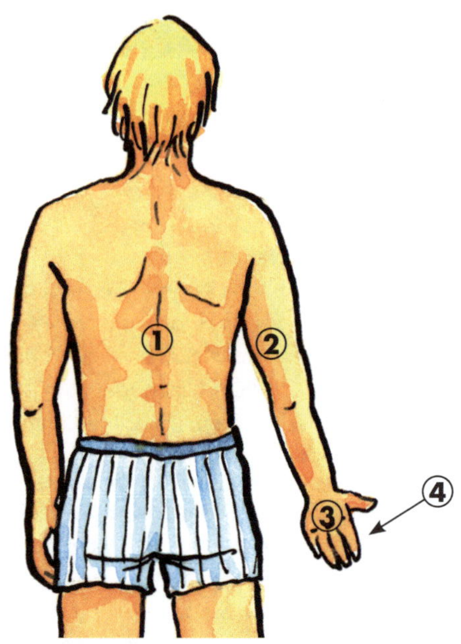

3 | Das Gesicht. Lesen Sie und ordnen Sie zu.

~~das Haar – die Haare~~ • das Auge – die Augen • die Nase • der Mund • das Ohr – die Ohren • der Zahn – die Zähne

das Haar
die Haare

4 | Ergänzen Sie.

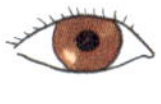 das Au ge	 ___ F ___ ng ___ r	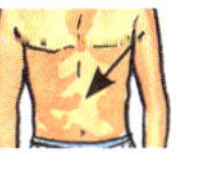 ___ B ___ ch
 ___ Oh ___	 ___ B ___ ___ n	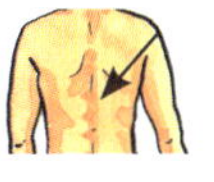 ___ Rü ___ en
 ___ H ___ ___ r	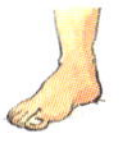 ___ Fu ___	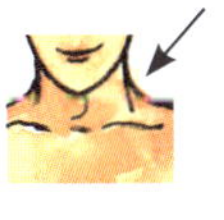 ___ Hal ___
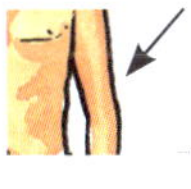 ___ Ar ___	 ___ M ___ nd	 ___ N ___ s
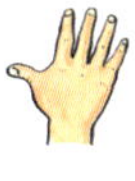 ___ ___ a ___ d	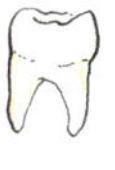 ___ ___ ahn	 ___ Ko ___ ___

Schon fertig?
Beschriften Sie die Bildkarten zum Thema Körper/Gesicht. Markieren Sie *der, das, die* mit Farben.

23 | Beim Arzt

5 a | Lesen Sie.

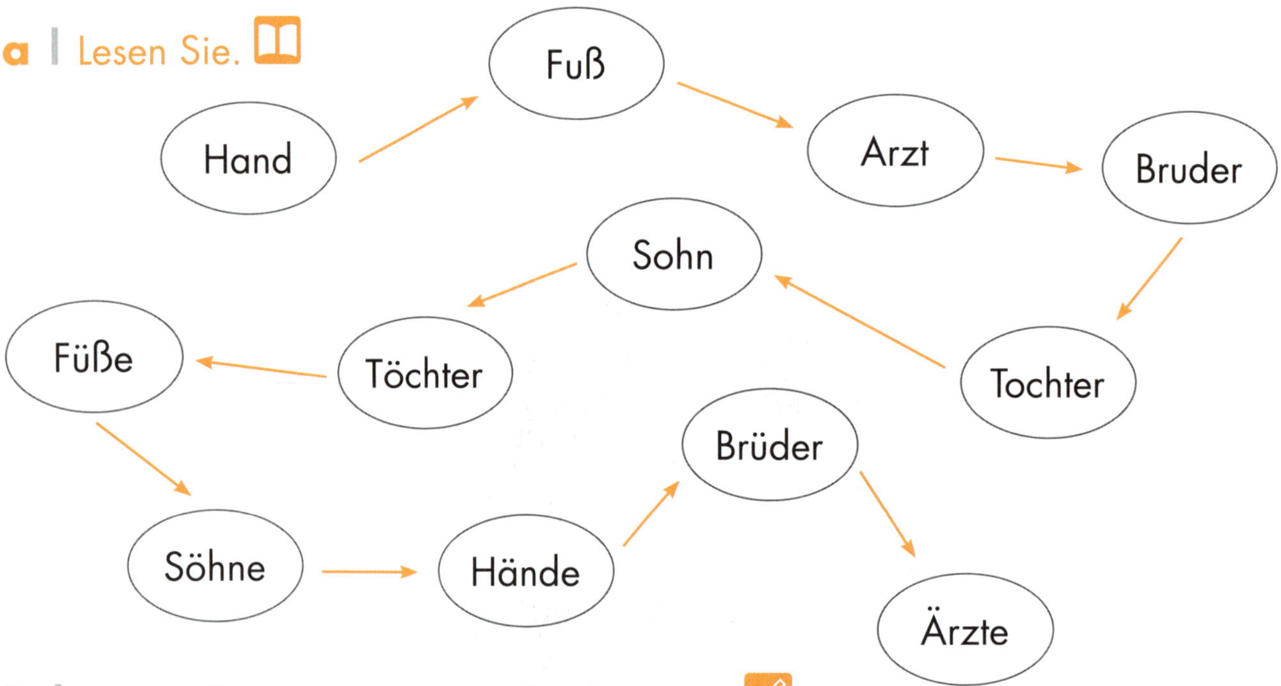

5 b | Was gehört zusammen? Schreiben Sie.

die Hand – die Hände

5 c | Hören Sie und sprechen Sie nach. 76

6 | Schreiben Sie Sätze.

Die Hand **ist** klein. – Die Hände **sind** klein.

7 a | Hören Sie und sprechen Sie nach. 77

7 b | Schreiben Sie Reime.

Hand → W ______ → L ______ → ______

Mund → H ______ → r ______ → ______

8a | Hören Sie und sprechen Sie nach. 78–79

8b | Hören Sie und ergänzen Sie. 78–79

i oder ü?	E/e oder Ä/ä?
F ___ ße	H ___ nde
F ___ nger	___ rzte
Br ___ der	___ ltern
Ges ___ cht	Z ___ hne
R ___ cken	Z ___ h

9 | Was tut Ihnen weh? Fragen Sie und antworten Sie.

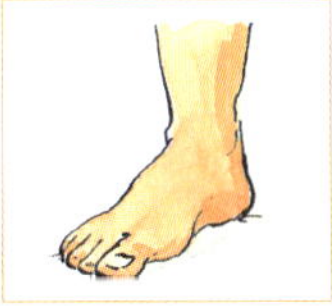
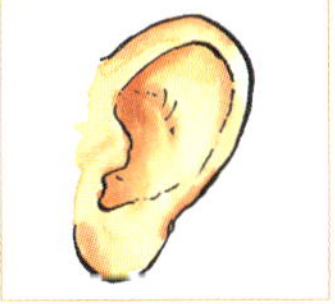
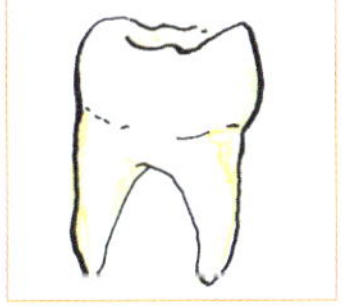
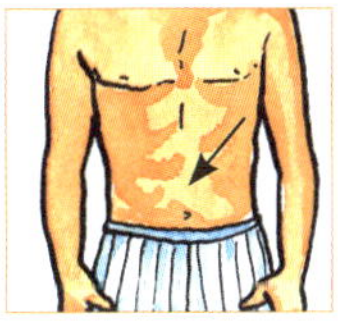
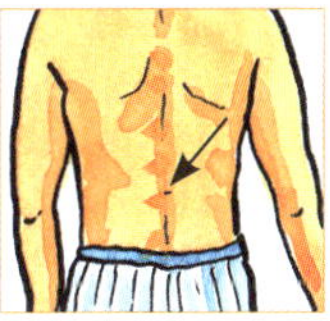
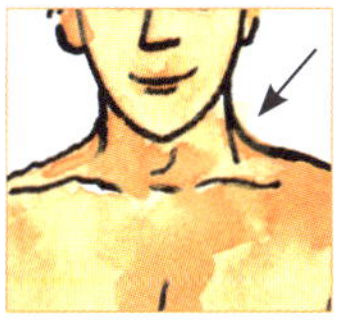

Was tut Ihnen weh?

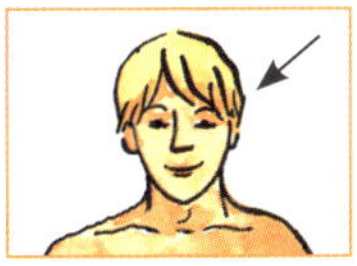

Mein Kopf tut weh.

der Kopf → mein Kopf
das Ohr → mein Ohr
die Nase → mein**e** Nase

Verwenden Sie die Bildkarten im Anhang.

Schon fertig?
Was passt? Ordnen Sie zu.

	ge		ken		ger
Au		Rü		Fin	
	de		cken		ga

23 Beim Arzt

10a | Lesen Sie und ordnen Sie zu.

das Fieber • die Kopfschmerzen • die Rückenschmerzen • die Zahnschmerzen • der Husten • die Bauchschmerzen

10b | Sprechen Sie und klatschen Sie.

Hus – ten   **Zahn** – schmer – zen   **Rü** – cken – schmer – zen

11 | Ohne Worte: Was tut weh? Spielen und raten Sie.

Bauchschmerzen?

12 | Krank oder gesund? Schreiben Sie.

1 Die Frau ist krank. Sie hat Kopfschmerzen.
2 Der Mann ist gesund. Er arbeitet.

13a Lesen Sie.

Marie ist krank. Ihr Kopf tut weh. Sie hat Fieber.
Sie ruft den Arzt an und macht einen Termin.
Sie geht zum Arzt.
Sie soll viel Tee trinken und vier Tage im Bett bleiben.
Dann ist sie wieder gesund.

13a *richtig* oder *falsch*? Kreuzen Sie an.

	richtig	falsch
Marie ist krank.	☐	☐
Sie hat Ohrenschmerzen.	☐	☐
Sie geht zum Arzt.	☐	☐
Sie soll zwei Tage im Bett liegen.	☐	☐
Sie soll viel Kaffee trinken.	☐	☐

14a Markieren Sie. Sprechen Sie im Kurs.

ie	Marie Fieber vier liegen viel wieder sie
-h	weh Zeh Zahn ihr Ohr
ee	Tee Schnee
aa	Haar Paar
oo	Zoo Boot

14b Lang oder kurz? Hören Sie und markieren Sie. 80

Paar Pappe — Bett Boot — Zoo Sonne

Zimmer Zeh — Hallo Haar — Wetter weh

15a | Am Telefon. Hören Sie. Spielen Sie dann das Gespräch. 81

- Baumann, hallo.
- Guten Tag. Hier ist Emine Celik. Ich bin krank, ich kann nicht zum Deutschkurs kommen.
- Ja, Frau Celik. Was haben Sie denn?
- Ich habe Bauchschmerzen. Ich gehe zum Arzt.
- Gute Besserung! Bitte schreiben Sie eine Entschuldigung.
- Das mache ich. Auf Wiederhören.
- Auf Wiederhören.

15b | Die Entschuldigung.

Lesen Sie und ergänzen Sie mit den Informationen aus 15a.

15.05.20...

Entschuldigung

Sehr geehrte Frau ____________,

ich bin ____________.

Ich kann heute nicht zum

____________ kommen.

Mit freundlichen Grüßen

____

15c | Schreiben Sie eine Entschuldigung für Ihren Kurs.

Entschuldigung Datum: ____________

Sehr geehrte ...

16a Beim Arzt. Was tut den Personen weh? 82–85
Hören Sie und schreiben Sie.

1 Der Hals tut weh.

2

3

4

16b Was sollen die Personen tun? 82–85
Hören Sie noch einmal und ordnen Sie zu.

1 ins Bett gehen und schlafen
2 viel trinken und wenig sprechen
3 eine Tablette nehmen 
4 Sport machen

17 Projekt: Was machen Sie bei Schmerzen?
Sammeln Sie im Kurs und schreiben Sie.

18 | Ordnen Sie die Sätze. Vergleichen Sie dann mit Aufgabe 13a.

- [ ] Dann ist sie wieder gesund.
- [1] Marie ist krank.
- [ ] Sie ruft den Arzt an und macht einen Termin.
- [ ] Sie hat Fieber.
- [ ] Sie soll viel Tee trinken und vier Tage im Bett liegen.
- [ ] Ihr Kopf tut weh.
- [ ] Sie geht zum Arzt.

Schon fertig?
Beschriften Sie das Bild auf Seite 63.

Der Mann hat Kopfschmerzen.

19 | Suchen Sie 16 Wörter und schreiben Sie.

G	A	K	O	P	F	X	H	T	I	O
E	U	Ö	B	A	U	C	H	R	E	S
S	I	R	A	U	ß	H	A	A	R	Z
I	F	P	M	Z	A	H	N	O	Ü	F
C	B	E	I	N	U	A	D	H	C	V
H	A	R	M	Y	G	L	J	R	K	Ä
T	E	N	A	S	E	S	B	Z	E	H
F	I	N	G	E	R	K	M	U	N	D

Gesicht

20 | Spiel: Nennen Sie Körperteile und zeichnen Sie gemeinsam eine Figur.

Kopf!

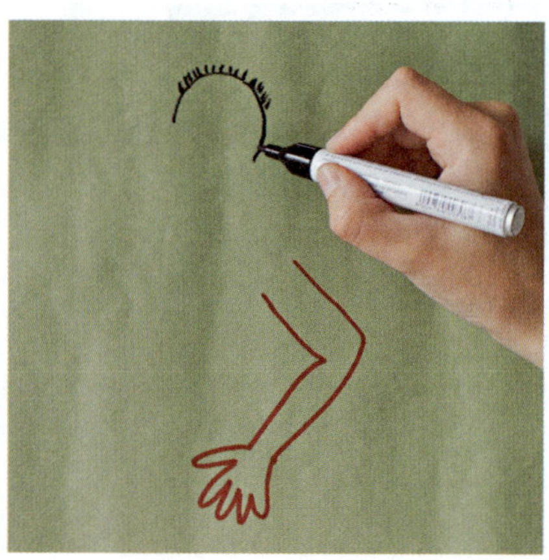

1 | Was sehen Sie? Sprechen Sie.

Wortschatz:
der Bahnhof, die Bank, die Bibliothek, das Café, das Hotel, der Kindergarten, das Kino, der Kiosk, die Kirche, der Park, die Post, das Rathaus, das Restaurant, die Schule, das Schwimmbad, der Zoo

Das können Sie sagen:
- Gibt es in Ihrer Stadt ein Kino / …? – Ja. / Nein, leider nicht.
  – In … gibt es einen Zoo. / ein Rathaus. / eine Kirche. / …
- Ich möchte schwimmen. / … Wohin kann ich gehen? – Ins Schwimmbad. / …
- ▪ Wo ist das Hotel? ▲ Das Hotel ist links vom Bahnhof.

2a | Lesen Sie und schreiben Sie.

das Rathaus • der Bahnhof • das Hotel • das Kino • die Schule • die Bibliothek • das Schwimmbad • der Zoo • die Post • die Kirche • der Kindergarten • das Restaurant • ~~das Café~~ • die Bank • der Park • der Kiosk

das Café

2b | Was gibt es? Suchen Sie in Aufgabe 2a und kreuzen Sie an.

	ja	nein
Gibt es in Leinstadt ein Rathaus?	☐	☐
Gibt es in Neustadt einen Zoo?	☐	☐
Gibt es in Leinstadt einen Park?	☐	☐
Gibt es in Neustadt eine Schule?	☐	☐

der Zoo	→		**einen** Zoo.
das Rathaus	→	Es gibt	**ein** Rathaus.
die Schule	→		**eine** Schule.

2c | Alpha-Box:

Beschriften Sie die Bildkarten zu Aufgabe 2a. Markieren Sie **der**, **das**, **die** mit Farben und schreiben Sie in Ihr Heft.

2d | Ziehen Sie eine Bildkarte.

Vergleichen Sie mit Aufgabe 2a und sprechen Sie.

Gibt es in Neustadt ein Kino?

Nein.

3 | Was gibt es in Ihrem Wohnort/Heimatort?

Fragen Sie und antworten Sie.

Gibt es in Ihrer Stadt eine Bibliothek?

Nein, leider nicht.

In … gibt es einen Bahnhof.

Schon fertig?
Was gibt es in Ihrem Wohnort?
Schreiben Sie Sätze.

Ich wohne in …
In … gibt es …

4a | Wohin gehen Sie? Lesen Sie und schreiben Sie.

in den Zoo • ~~ins Rathaus~~ • in die Kirche • ins Schwimmbad • ins Kino • in die Bibliothek • zur Post • zur Schule

Ich möchte den Bürgermeister sprechen. Wohin kann ich gehen?
– Ins Rathaus.

Ich möchte schwimmen. Wohin kann ich gehen?
– ______

Ich möchte Tiere sehen. Wohin kann ich gehen?
– ______

Ich möchte Bücher ausleihen. Wohin kann ich gehen?
– ______

Ich möchte Filme sehen. Wohin kann ich gehen?
– ______

Ich möchte lernen. Wohin kann ich gehen?
– ______

Ich möchte Briefmarken kaufen. Wohin kann ich gehen?
– ______

Ich möchte beten. Wohin kann ich gehen?
– ______

Woh**in** gehe ich?

der Zoo	➜		**in den** Zoo.
das Rathaus	➜	Ich gehe	**ins** Rathaus. (in + das = ins)
die Schule	➜		**in die** Schule.

4b | Spielen Sie Dialoge.

Ich möchte schwimmen. Wohin kann ich gehen?

Ins Schwimmbad.

5 | Wohin können Sie gehen? Ordnen Sie zu.

1 Sie möchten am Dienstag um 10 Uhr ins Café gehen. ___
2 Sie möchten am Samstag um 13 Uhr ins Restaurant gehen. ___
3 Sie möchten am Freitagabend ins Café gehen. ___
4 Sie möchten am Montagabend um 22 Uhr essen gehen. ___

6 | Bilden Sie Wörter und schreiben Sie in Ihr Heft.

Rat Bahn Schwimm Kinder garten hof haus bad

7a | Hören Sie und sprechen Sie nach.

86–87

7b | Hören Sie und ergänzen Sie.

86–87

P oder B?	ng oder nk?	
___ost	kra___	tri___en
___ahnhof	ju___	E___el
___ank	Ba___	Fi___er
___ark	la___	li___s

7c | Was hören Sie? Wie schreibt man das?
Ergänzen Sie Z/z oder tz.

88

Schmer___en   Pla___   si___en   ___oo

8a Lesen Sie.

Nura schreibt einen Brief an ihren Freund Adil.
Dann geht sie zur Post und kauft Briefmarken.
Sie schickt den Brief ab.

8b Groß oder klein?
Korrigieren Sie den Brief und schreiben Sie richtig.

lieber adil,

ich bin schon ein jahr in deutschland.
ich lerne deutsch in der schule. ich kann jetzt lesen und schreiben. in berlin ist das wetter schön. die sonne scheint. manchmal regnet es. berlin gefällt mir sehr. hier gibt es zwei zoos und viele parks.

tschüs nura

Lieber Adil,

9 Projekt: Schreiben Sie einen Brief an Freunde oder an Ihre Familie.

Die TN adressieren ihren Brief. Gehen Sie mit den TN zur Post, die TN fragen nach Briefmarken und schicken die Briefe anschließend ab.

10a | Was gibt es in der Stadt? Hören Sie und kreuzen Sie an. 89

1
- [ ] Kino
- [ ] Bahnhof
- [ ] Rathaus
- [ ] Café
- [ ] Restaurants

2
- [ ] Kindergarten
- [ ] Schule
- [ ] Park
- [ ] Bank
- [ ] Hotel

3
- [ ] Schule
- [ ] Zoo
- [ ] Schwimmbad
- [ ] Bibliothek
- [ ] Kirche

10b | Bringen Sie Stadtpläne mit.
Was gibt es? Suchen Sie und sprechen Sie.

In … gibt es …

11 | Wo ist …? Hören Sie und zeichnen oder schreiben Sie. 90

links ↙ rechts ↘

1 Hotel ____ 

____

2 ____ 

____

3 ____  ____

4 ____  ____

12 | Alpha-Mappe: Gestalten Sie „Ihre Stadt" und sprechen Sie.

- • Gibt es ein Hotel?
- – Ja. Es gibt ein Hotel.
- • Wo ist das Hotel?
- – Das Hotel ist links vom Bahnhof.

Verwenden Sie die Kopiervorlage im Lehrwerkservice.

13a | Welches Wort passt nicht? Streichen Sie.

1. Hotel, Rathaus, Schwimmbad, ~~Kuchen~~
2. Tochter, Sohn, Schrank, Eltern
3. Tisch, Jacke, Hemd, Pullover
4. Sonne, Hand, Wolke, Regen
5. Kopf, Fuß, Bett, Bauch

13b | Welche Themen und Wörter kennen Sie? Machen Sie Plakate.

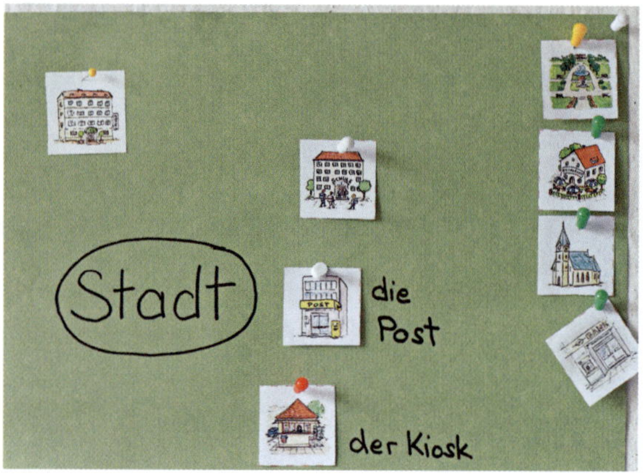

14 | Was passt zusammen? Ordnen Sie zu.

Auto	schreiben
Deutsch	lernen
ins Kino	fahren
Briefe	hören
Musik	gehen

Schon fertig? Schreiben Sie Sätze.

Ich fahre Auto.

15a | Projekt: Bibliotheksbesuch. Füllen Sie das Formular aus.

Nachname ______	Adresse ______
Vorname ______	______
Nationalität ______	Telefonnummer ______
Datum ______	Unterschrift ______

15b | In der Bibliothek: Suchen Sie einen Stadtführer für Ihre Stadt.

16 | Hören Sie und kreuzen Sie an. 91

1 Woher kommt Murat?
- ☐ aus der Türkei ☐ aus Indien ☐ aus dem Irak

2 Wie ist das Wetter?
- ☐ sonnig ☐ bewölkt ☐ windig

3 Was macht Anna am Montag?
- Sie geht ☐ zur Arbeit. ☐ zum Arzt. ☐ zur Post.

4 Wann beginnt der Film?
- ☐ um 19:15 Uhr ☐ um 19.30 Uhr ☐ um 19.45 Uhr

5 Was kostet der Fernseher?
- ☐ 350,- € ☐ 530,- € ☐ 335,- €

17 | Projekt: Schreiben Sie ein Buch über Ihren Kurs.

Jeder TN gestaltet eine Seite für das Buch. Anregungen finden die TN z. B. auf ihrem Steckbrief „Das bin ich" in der Alpha-Mappe: Die TN schreiben über sich und ihre Familie, woher sie kommen, welche Sprachen sie sprechen … oder über den Deutschkurs. Sie zeichnen und kleben Fotos auf. Wenn die TN einverstanden sind, sammeln Sie die Blätter ein, kopieren sie für alle und heften sie zu einem Buch zusammen.

SS?ß
Ä

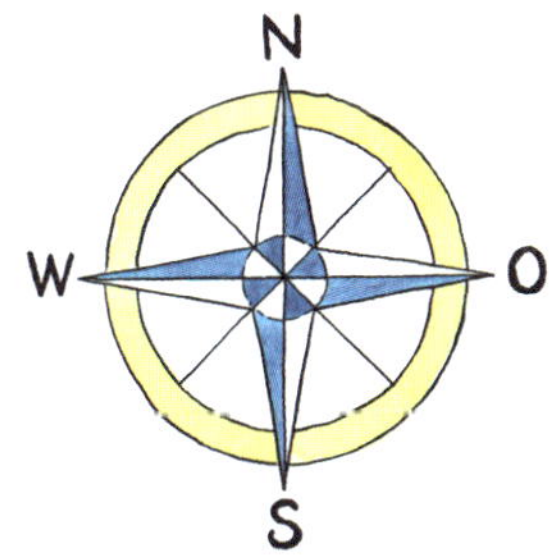
N
W
O
S

08:00

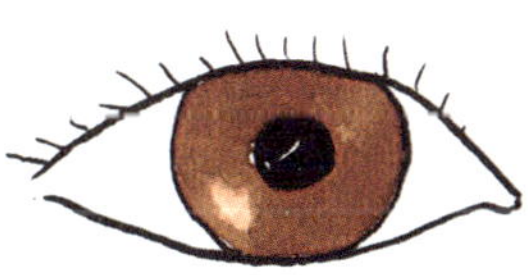
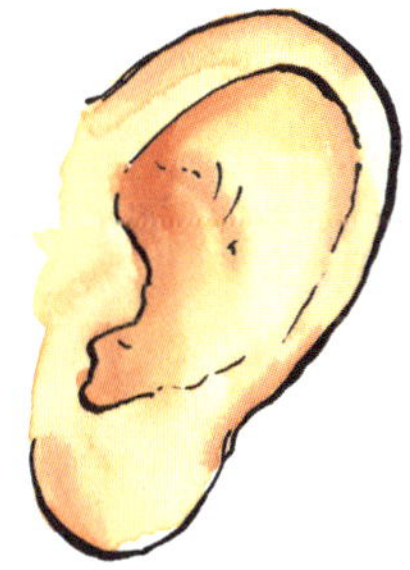

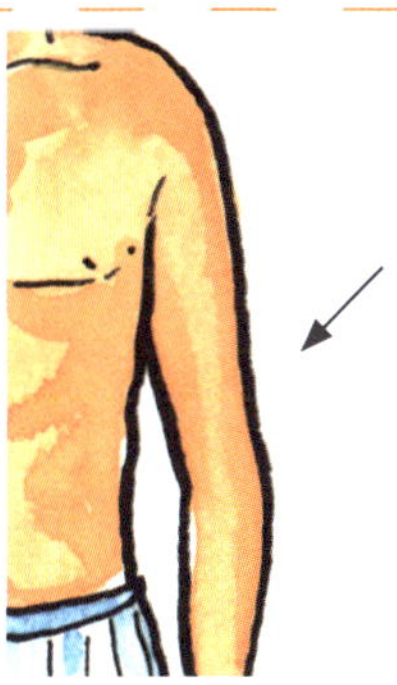
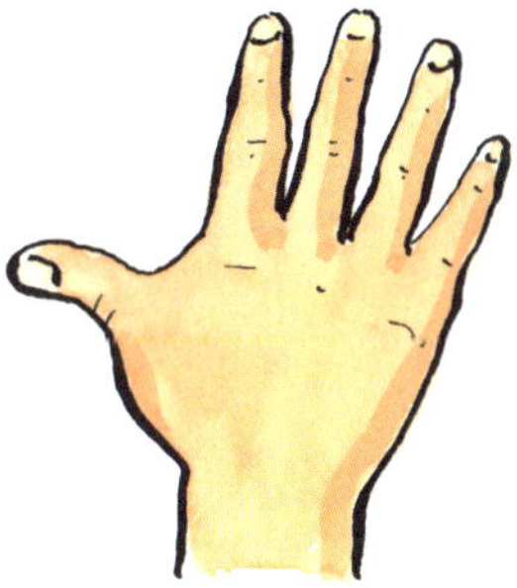
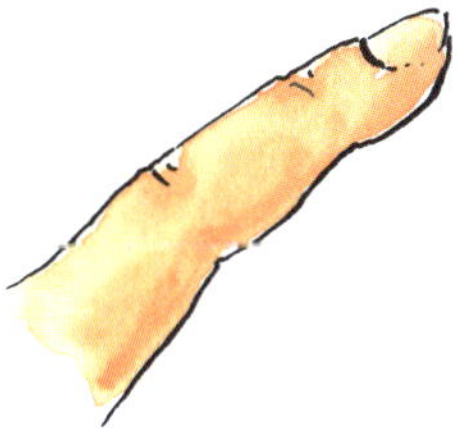
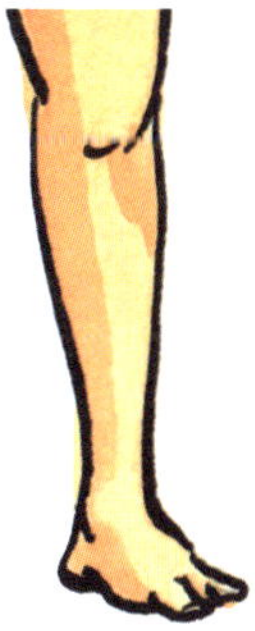
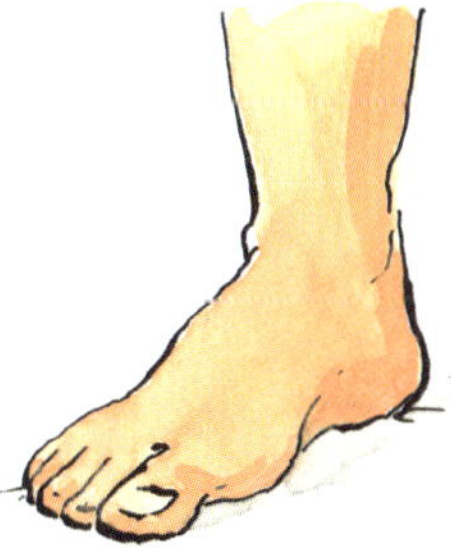
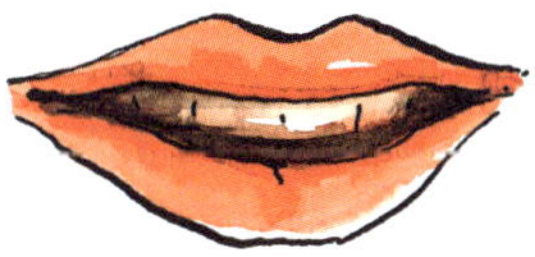
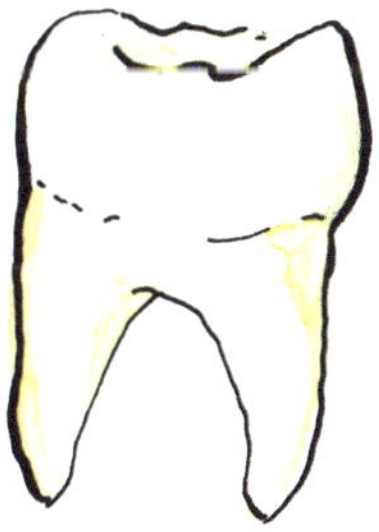

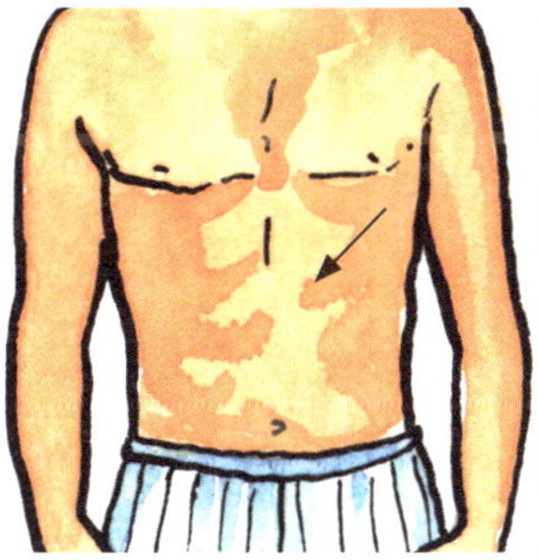
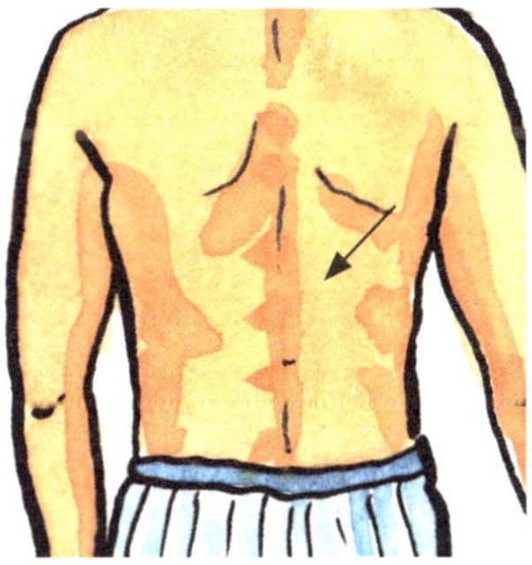
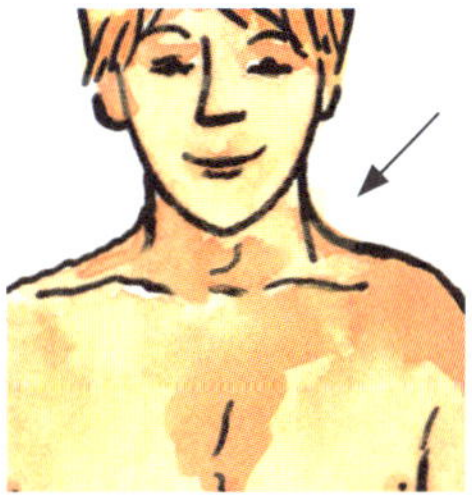
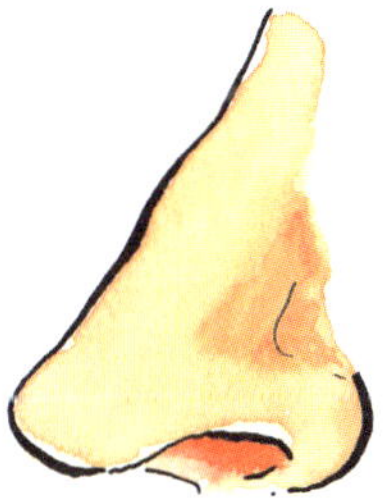
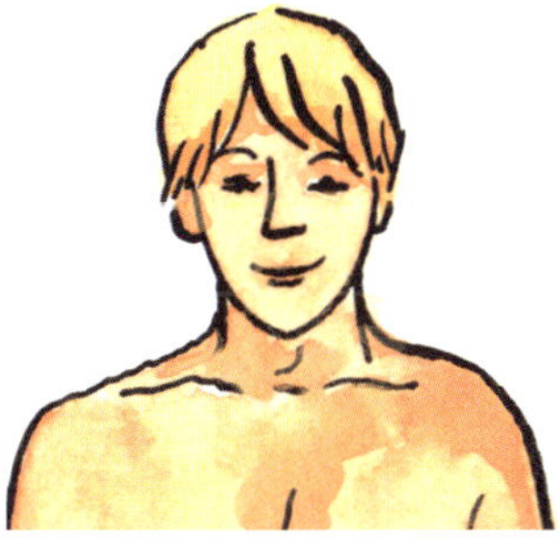

BAHNHOF
DB

SCHULE

POST

RATHAUS
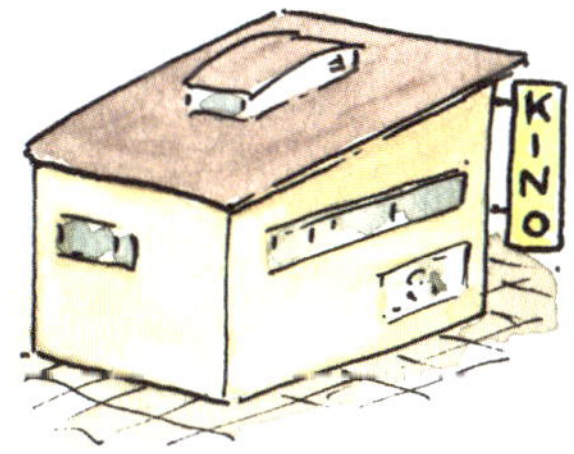
KINO

BIBLIOTHEK

SCHWIMMBAD

RESTAURANT

BANK

HOTEL

Café
Kaffee
Kuchen
Eis

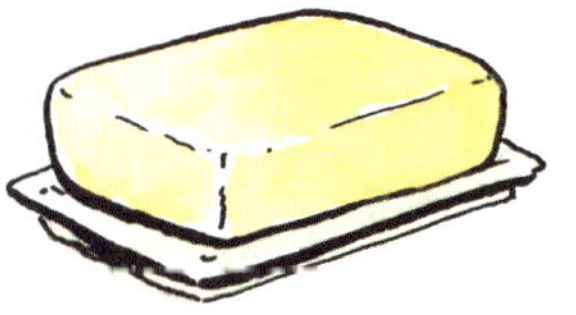

Quark

MÜSLI

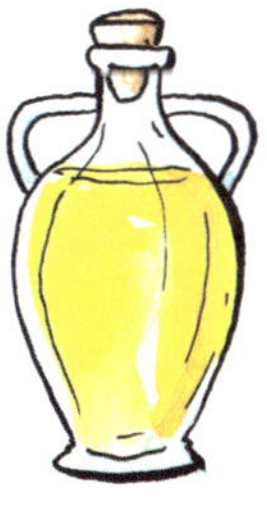

Quellenverzeichnis:

Seite 7, 9, 13, 21, 24, 28, 29, 34, 36, 39, 40 unten, 51, 54 oben, 59, 60, 61, 65, 71, 72, 75, 78, 79, 80, 81: © Hueber Verlag/Kiermeir
Seite 16: 1 © irisblende.de; 2 © iStockphoto/MG1408; 3 © iStockphoto/Soubrette; 4 © iStockphoto/quavondo
Seite 17: 1 © irisblende.de; 2 © iStockphoto/MG1408; 3 © iStockphoto/Soubrette; 4 © iStockphoto/quavondo
Seite 20: von oben © irisblende.de; © iStockphoto/John Prescott; © iStockphoto/keeweeboy
Seite 22: Aufgabe 12a: Jörg Saupe, Düsseldorf
Seite 30: © fotolia/Timo Darco
Seite 40: oben © fotolia/toolklickit
Seite 44: von oben © fotolia/pp77; © Hueber Verlag/Kiermeir; © irisblende.de
Seite 54: unten von links © iStockphoto; © iStockphoto/cookelma; © fotolia/D. Fabri; © iStockphoto/SilentWolf
Seite 58: © iStockphoto/cookelma (4)
Seite 70: © fotolia/S.Kobold
Seite 83: „Kurssprache“: Jörg Saupe, Düsseldorf

Zeichnungen: Gisela Specht, Weßling